De Rentnerschtreß

Erlebnisse und Erfahrungen

gereimt
von
Paul Tremmel

Titelbild
PrimeTech GmbH, Forst

Korrektur
Hubert Eisenhauer

Erschienen 2002 im Verlag
Paul Tremmel · Weinstr. 21a · 67147 Forst
Tel. 06326/6493; Fax 06326/378

ISBN NR. 3 - 9806259 – 7 - 4

Druck: Steinmetz & Schmitz GmbH, Forst
Idee und Texte: Paul Tremmel

Vorwort

Der Kampf um 's Dasein ist hart. Der Kampf um den Namen eines Buches ist aber auch nicht leicht.

Nun – ich habe mich für den eigentlich unmöglichen Namen „de Rentnerschtreß“ entschieden, obwohl sicherlich nicht alle Rentner im Streß stehen. Dabei sei einmal festzustellen: was ist denn Streß überhaupt. Im Grunde doch nur ein Modewort als Entschuldigung, wenn man nicht in der Lage war, seinen Tagesablauf richtig einzuteilen. Dies erklärt auch, dass man das Wort Streß am meisten von den Leuten hört, die sich einen nicht klar eingeteilten Arbeitsablauf leisten können. Und da gehören nun mal einige Rentner dazu.

Und daher der Name. Und zwar mit ß.
Wie man ihn halt gewohnt ist.

Mehr ist nicht zu sagen.

Forst im September 2002
Paul Tremmel
(derzeit im Streß)

Inhaltsverzeichnis

Titel	Seite
De Rentnerschtreß	5
En Rentner	8
En Rentner aus Sicht der Frau	11
Rentnerurlaub	13
Erkenntnis	15
Noch e Erkenntnis	16
Die Gentechnik	18
U'dankbar	20
Exorzismus	20
Gott sei Dank	21
Die besser Partie	22
Gleichberechtigung	23
En Frauemund	24
Düchtige Fraue	24
Schülernachtgebet	25
Die Darwinlehr	27
Mondagsärwet	30
De Unnerschied	31
Verschtändlichkeit	32
Pälzer Schtolz	34
De gewissenhafte Beamte	36
Die Doktersleit	37
Jesus in de Palz	42
De Schinke	44
Handkäs	45
De Worschtmarkaff	47
Schimpfworte	48
Neies vum Schorsch un vum Franz	50
Kochbuchgedanken	53
Trinkgewohnheite	58
Wasser trinke	62
Fortschritt	66
Gedanke noch Oschtre	69
De schlaue Schäfer	70
Moderne Moler	72
Nochberschafts-rücksicht	74
Gottes Wille	75
Fusionsg'fahr	78
Erklärung	79
Der Hohepriester	80
Einsicht	82
Beharrlichkeit	82
's Museum	84
De neie Kaplan	87
De Umzug	89
Die zwee Arte	93
Die Eindagsflieg	95
Fusion	97
Die kranke Fraue	99
Blooskapelle	101
Schlachtfescht	106

De Rentnerschtreß

E Lewe lang warscht net im Schtreß
un jetzt – als Rentner is mer des.
Do froogt doch jeder, der net dumm,
wie is des möglich – un warum?
Na ja – die Sach gedenkt mer noch,
bei domols – Sechzich-Schtunnewoch,
do is mer halt bloos rumgerennt
un hott noch netmol 's Wort gekennt.
Mer hott ach net vum Schtreß verzählt,
die Zeit dozu – die hott em g'fehlt.

Dann kam – allmählich, druff un druff,
des Modewort so langsam uff.
Ich hab 's zum erschtemol dann g'höört,
wie en Beamter mer erklärt,
mei Bauatrag – es tät ihm leid,
der wär jo lang noch net so weit,
er wär im Schtreß, uff alle Fäll,
des alles ging halt net so schnell.

Mer war dobei zwar net gewiß,
was üwwerhaupt en Schtreß do is,
doch hab ich weiter jo nix g'saat
un noch e halwes Johr gewaat.
Wie ich gebaut un 's war soweit,
hott ach en mancher net glei Zeit,

kam manchemol erscht gar noch Woche,
noch dem Termin – wu er verschproche
un hott mer g'froogt: „Was sollen des?"
Do kam die Antwort: „ 's is de Schtreß!"
Un reißt em ach mol die Geduld,
schtets war de Schtreß an allem schuld.

Ball war de Schtreß allgegewärtig,
durch Schtreß werd vieles halt net fertich,
ich hab des Wort ball schtündlich g'höört,
doch mich hott Schtreß do niemols g'schtöört,
ich hab gelernt fescht draazulange,
es wär ach annerscht garnet gange.

Heit hööort vum Schtreß mer immer noch,
bei Fünfedreißich-Schtunnewoch,
des wollt ich a'fangs net verschtehe,
doch langsam muß ich 's selwer sehe,
de Schtreß der schteigt, ehr liewe Leit,
quadratisch mit de freie Zeit.

Als Rentner – des is zu verschtehe,
hoscht net am sechse uff zu schtehe,
es rappelt ach kenn Wecker meh,
am achte duhscht dann dusche geh',
holscht Weck un Uffschnitt – frischer Schinke
un duhscht am neune Kaffee trinke,
donooch do fehlt dann des un des,
am zehne rum bischt schunn im Schtreß.

Ach mittags gibt ‘s oft viel zu due,
doch will mer erscht e bissel ruhe,

e Schtunn sich in de Sessel setze
un bauff – schunn duht de Schtreß dich hetze,
es hääßt bei allem: dapper – dapper,
dann schtännich werd die Zeit jo knapper.
Mer will jo des un des noch mache,
es liggen schtännich hunnert Sache
un alles is halt net zu packe,
so sitzt de Schtreß der jetzt im Nacke.
Mer kann so schnell ach nimmie sei,
do holt de Schtreß em leichter ei.

So lang ich jung war un agil,
konnt Ärwet sei – wer wääß wie viel,
hott mer mich noch so arg getriwwe,
de Schtreß is hinner mer gebliwwe,
doch bischt mol Rentner – glaawen ‘s meer,
do bleibt er nimmie hinner deer.

Eh Gutes is dann doch – ehr Leit,
es bleibt em nämlich kaum noch Zeit,
dass mer dann ach noch jedermann,
sein viele Schtreß erkläre kann.

En Rentner

Graad alles hott – seid aller Zeit,
jo immer ach e zwettie Seit'.
Un ebbes is – dass wohl en Mann,
net oft was richtig mache kann,
zumindescht wann – des is gewiß,
er Rentner – un verheirat is.

Des siehscht, wann mol durch Deitschland wannerscht,
in Frankreich allerdings is annerscht:
en Rentner – in Frankreich, der loßt sich net hetze,
der duht sich mol erscht in en Schaukelschtuhl setze,
loßt Bilder – erotisch meischt – vor sich dann gaugle,
un fangt noch 'me vertel Johr leicht a zu schaukle,
trinkt ab un zu Rotwei – ach mol en Pernoo,
geht ab un zu aus – schpielt dann Buul – oder so,
duht so ganz gemütlich sei Rente verzehre
un sich üwwers Dasein ganz selte beschwere.
Un hott, 's gilt in Deitschland schunn fascht als verrucht,
noch häämlich e Freundin – die wu er besucht.
En Rentner en deitsche, der möchte des jo aa,
doch henn jo die meischte gottlob noch e Fraa,
die sorgt bei dem Rentner um 's leibliche Wohl
un hott en Schtandartsatz: hopp, dehtsche mer mol?
Donoch muß er halt renne, kaaft ei, holt Gemüs,
so iss er schtunneweis doch aus de Füß.
Dann wanner dehääm is – is immer was los
un wu er ach rumschteht, do hinnert er bloos.

Es schlimmschte vun alle, des is dann en Mann,
wu mehnt, was nie wohr, dass er koche ach kann.
Des kann er zwar net, doch duht er 's halt mehne
un drum do mei Rezept, um 's em abzugewöhne:
jo Männel, mei Schätzel, heit kochscht emol du,
ich duh 's üwwerwache, un gugg der als zu!
Er richt sich en Hawwe – e Schüssel – e Pann,
er kann schließlich alles – er is jo en Mann.

Erscht kummt de Salat, wu's Gewerz jo ganz wichtig,
doch was er ach nimmt, es is immer net richtig.
„Net des Öl – net denn Essich, de Knowwloch viel klenner
un net so viel Zwiwwel, wie dumm sinn bloos Männer,
de Schnittlach fei schneide, es Salz kummt zu ledscht,
was dehtscht du bloos mache, wann du mich net hettscht.
Un hab ich der dann net schunn hunnert mol g'saat,
e Schpritzerle Maggi muß an de Salat!"

Dann schält er die Grumbeer – zu dick sinn die Schale,
do gibt 's zu viel Abfall – wer soll des bezahle?
Un wann er 'se quellt: „Mann – do nimmt mer kee dicke!
Un 's Palmin kannscht net mit de Gawwel verdricke!"
Sie jagt en beschtännich – is schtets hinne draa,
er is schunn ganz koppschei un schunn brennt was aa.
„Des muß mer doch rühre, awwer hoscht jo kenn Dunscht,
du schtellscht dich jo draa, als wär Koche e Kunscht.
Mer leggt doch e Handduch ach net uff de Herd,
ja was du ach a'langscht, machscht alles verkehrt!"

Er gibt sich jo Müh, was bloos alles nix nützt.
jetzt schtellt noch sei Fraa fescht, dass er alles verschpritzt,
dann nimmt er des Messer – wu werklich net schneid,
zumindescht ab jetzt, do wääß er Bescheid,
en Mann kann net koche, do iss er zu blööd,
der hott jo kee Ahnung, un wääß net wie's geht.
Obwohl – wammer rumguggt – ich sag's mol ganz frech,
die weltweite Schpitze sinn männliche Köch.
Do werd mer jetzt frooge: Wie kann en des geh'?
Die Antwort is efach – 's is kee Fraa in de Näh'.

Selbscht Bocüs könnt net koche un wüßt net wie's geht,
bei uns in de Küch – wann mei Fraa newer'm schteht
un is doch heit weltweit un anerkannt Schpitze
un is en Franzos, der dürft im Schaukelschtuhl sitze,
der hätt jo sei Ruh, selbscht im eigene Haus,
ich denk schunn so langsam: Ich wanner glaab aus
un kaaf mer en Schaukelschtuhl, duh mei Vertelsche kippe
un fang noch 'me Vertel Johr leicht a zu wippe.

Un wann mich des a'schtrengt, dann loß ich's ach bleiwe,
ich bin jo en Rentner, do muscht nix üwwertreiwe.
Un was ich noch schunnscht mach, des kammer mich froche:
Ich mach – wann gekocht werd – um die Küch große Boche.
Un hunnert mol - dehtschte mol – des deht mich net schtööre,
mer is jo schunn älder, do muscht nimmie gut hööre.
Do bleib ich ruhig hocke un weiter fort dös' ich,
verschteh jo ach nix, dann ich kann net französich.

Doch „dehtsch mol“ in Frankreich, bei Rentner, bei alde,
dess is dort glaab garnet im Wortschatz enthalte.
Un wann, ich bin sicher, des deht der net hööre,
der loßt sich vun so was beschtimmt dann net schtööre.
En Rentner – in Frankreich, des möchte ich gern sei,
doch nee, dann dort gibt ‘s aus de Palz jo kenn Wei
un bloos die französische, deht mer ball schtinke,
mer will jo ach alsmol was besseres trinke.
Un ich deht mich alsmol vum Sessel erhewe:
Dann de ganze Dag schaukle is for en Pälzer kee Lewe!

En Rentner

Aus Sicht der Ehefrau

En Rentner – in Frankreich, jawohl des is wohr,
en Rentner in Frankreich – der lebt schunn ganz klor,
der hockt in seim Schauckelschtuhl, wippt ab un zu,
er is dann zufriede – un sei Fraa hott ehr Ruh.
Un hott er e Freundin – er werd nix verhexe,
dann isser dehääm net beschtännich am krexe.

En Rentner aus Deitschland, der könnt des jo aa,
doch nee – der rennt rum – un der hinnert die Fraa,
die halt em de Haushalt ganz gut in de Reih,
doch ehns des is schwierig, er schtöört halt debei.
Ja sitzt er im Schaukelschtuhl, dann könnt mer lache,
do braicht mer bloos emol en Boge zu mache,

doch weil er jo rumdappt – des duht mer doch kenne,
do kammer doch bloos noch im Zick – Zack – Kurs renne.
Graad noch in de Wohnschtupp – ich mach do kee Schprüch,
schunn isser dohiwwe – un schteht in de Küch.
Un schickt mer 'n mol kaafe – was kaaft er dann ei?
Do müßt mer jo glatt Milljonär beinah sei.
Der nimmt sich doch morjen's schunn garnet die Zeit,
zu lese was graad so im A'gebot heit.

De Schport duht er lese – do isser bemüht,
doch was mer beim ALDI heit billischer krieht,
des werd in de Zeitung dann glatt üwwersehe,
na – schließlich do deht er 's ach garnet verschtehe.
Un 's schlimmschte is sicher dann doch die Epoche,
in deere en Mann mehnt – er könnt sogar koche.
Do könnt mer jo jedem die Knoche verfluche,
de Fraa g'höört die Küch – er hott nix drinn zu suche.
Des kanner halt net, ohne Hohn oder Schpott,
bloos abwäsche geht, wammer Plastikg'scherr hott.

Un isser allee – weil die Mamme mol krank,
dann schteht alles am Disch un's iss nix meh im Schrank,
die Küch sieht dann aus, dass es jedermann graust,
do mehnt mer dann glatt 's hätten Wilde drin g'haust.

Un darum ehr Fraue – des sag ich do eich,
behaupten die Küch – des is eiern Bereich,
der war 's wie er morjens in 's Büro verschwunde,
die Fraa war de Chef – was 'se kocht des duht munde,

des hott er am Owend mit Frääd dann ach gesse,
denooch hott er brav for seim Fernseher g'sesse
die Aache die fallen em dort ach ball zu,
des waren noch Zeite – do hott mer sei Ruh.
Heit rennt er dorum wann er kaum aus em Bett,
er deht jo gern helfe, bloos kanner's halt net.

Ja wär 's en Franzos, deht im Schaukelschtuhl sitze,
des wär widder e Lewe – des Lewe wär Schpitze.
Ich kaaf ihm en Schaukelschtuhl, dort kanner dann wippe
un zwischenei als noch sei Vertelsche kippe.
Un hätt er e Freundin – was sollen bassiere,
der kann sich doch ach emol auswärts blamiere.
Un er deht sich bloos selte vum Sessel erhewe,
un deht em kaum hinn're: Leit des wär e Lewe!

Rentnerurlaub

Als Rentner – des is garnet schöö,
do hoscht jo heit kenn Urlaub meh'.
Wobei – un jeder wääß jo dess,
graad Rentner sinn im ärgschte Schtreß.

Als Rentner hott mer sicher heit,
eher alles annere wie Zeit.
Do is mer däglich fuffzeh Schtunne,
in schwerschtes Lewe eigebunne.

Wer braucht – solang er schaffe duht,
de Coleschtrienwert vun seim Blut?
Als Rentner awwer – ohne Bosse,
do muscht der denn doch prüfe losse.

Dein Blutdruck – der doch äusserscht wichtig,
is viermol däglich b'schtimmt net richtig.
Un ausserdem – dein Bandscheibschade,
warscht do, solang noch g'schafftt hoscht, bade?
Doch so e Bandscheib bei de Alde,
die muß mer halt bei Laune halte.

De schlimmschte Streß duht em berühre,
beim A'gebote zu schtudiere.
Solang noch g'schafft hoscht war 's egal,
do langt mer efach in 's Regal,
do hott mer net nohm Preis geguggt,
zeh Penning henn do net gejuckt.

Doch ebbes eizukaafe – Leit,
des is de wahre Horror heit.
Die Erbse sinn beim Aldi billich,
beim Liedel is 's die Dosemillich,
beim Globus Kaffee – erschter Wahl,
Oliveöl gibt 's beim Real.
Un Paprika – in grün un rot,
hott Penny heit im A'gebot.
Es Dosebier dann beim Markant,
do liggt doch klar jetzt uff de Hand:

als Rentner hoscht en Fullteimtschopp,
des geht doch jedem in de Kopp.
Um zwanzich Eurocent zu schpare,
hoscht schtunnelang oft rumzufahre.
En jeder duht was anneres biete,
dann sollscht ach noch die Enkel hüte.
Mer braucht zwar nix – doch ‘s wär zum Lache,
kee Kaffeefahrte mitzumache,
korz – alle Rentner werrens kenne,
mer is de ganze Dag am Renne
un kriegt kenn Urlaub dodebei.
Is des kee Riesesauerei?
Un derfscht als Rentner netmol schtreike.
Des hott mer doch mol uffzuzeige!

Egal – was nützt’s – sich uffzurege,
machscht halt kenn Urlaub – meinetwege,
ach wammer sich jetzt noch so sehnt.
Un schaffe simmer jo gewehnt.

Erkenntnis

Wie mer jo deitlich sehne kann,
sogar de allerg’scheitschte Mann,
der kann – duht mer des mol vergleiche,
‘re Fraa halt net es Wasser reiche.
Weil halt en Mann jo nix verschteht,
der is schunn vun Geburt aus blööd,

werd ach kee Wisse dann erwerwe
un dabbisch – wie gebore – schterwe.
Ehns kann ihn rette, des is klaa,
des is – find er die richtig Fraa.
Doch mit ‘re Fraa – un des is wohr,
hoscht halt dein Schaff es ganze Johr.
Es sei – was selte mol bassiert,
dass sich en Mann emanzipiert.
Doch macht er des – ich will net hetzt
un er versucht sich durchzusetze
un ‘s hóórt mol draus ehns – uff de Trepp,
dann hääßt ‘s: «mein Gott hott die en Depp!
Mein Gott – der do müsst meiner sei,
dem brächt’ ich dann schunn Ordnung bei!»

Woraa mer deitlich sehe kann,
mer hott ‘s net efach – so als Mann.
Mer kann graad mache was mer will,
en Trottel is mer – wammer schtill
un trumpt mer uff – weil ‘s mol muß sei,
do hääßt ‘s sofort: «Was fallt dem ei!»

Noch e Erkenntnis

G’hörscht endlich zu de ganze Alde,
do duht mer gern mol Rückblick halte:
was war verkehrt in manche Sache,
was deht mer heit dann besser mache?

Un weil ich jo verheirat bin,
kummt mer als erschtes in de Sinn,:
hoscht früher net annere begehrt
un was war richtig – was verkehrt?

For wenn hott sich mei Herz erwärmt?
Ich hab for Rita Hayworth g'schwärmt,
Ehr liewe Leit – in dere Zeit,
do hätt jo jeder mich beneidt,
doch 's klappt halt net – un Gott sei Dank,
die war jo dann so furchtbar krank.

Do wäre ich heit jo bettelarm,
doch 's kam bereits mein nägschte Schwarm,
die Ingrid Bergman – großer Schtar,
oh Gott wie ich verliebt dort war,
doch kam ich nie mit ehr in 's Bett.
Warum? Na ja – sie wollt mich net.
Gottlob – so hab ich net vor Johre,
ganz traurich dann mei Fraa verlore.

Es käm dann noch e ganzie Latt,
gern hätt ich dovun ennie g'hatt,
es waren Fraue – ganze Schare,
die schönner oft wie Engel ware,
doch kennie hott mich dann gewollt,
so kummt 's halt dann – wie 's kumme sollt,
weil's mit de Schtars net so geklappt,
do hott mich schließlich ennie g'schnappt,

die war kenn Schtar – hott net viel Geld,
Miß Deitschland net – un net Miß Welt,
doch duh ich heit mol so vergleiche,
es kann ‘re kennie ‘s Wasser reiche,
do bin ich mer mol ganz gewiß
un dass ‘se heit noch bei meer is,
trotz alsemol ‘me Ehekrach,
des is for mich mei beschtie Sach.

Mer soll halt uff de Herrgott baue,
zum Heirate g’höört Gottvertraue,
des is halt do besonders wichtig,
dann macht de Herrgott des ach richtig.

Wüsst mer des schunn mit junge Johr,
käm Liebeskummer kaum noch vor.
Denn hätt mer sich ganz sicher g’schpart,
doch wer ‘s mit siebzich noch erfahrt,
na ja – der kann jo dodebei,
ganz sicher ach zufriede sei.

Die Gentechnik

Ehr liewe Leit – mit Ach un Krach,
wer ich als morjn’s am achte wach.
Obwohl ich früh in ‘s Bett schunn geh‘,
fallt ‘s morjn ‘s mer schwer dann uffzuschteh‘.
Doch wann ich dodevun graad redd:
am viere ligg ich wach im Bett,

do könnt' ich munt'rer garnet sei,
am fünfe schloof ich widder ei.

Am achte könnt' ich als noch schloofe,
so duht em doch de Herrgott schtrofe,
kannscht doch am viere noch net raus,
do isses jo noch kalt im Haus.

Un zu de Fraa – so nachts am viere,
des dehtscht kee zwettes mol prowiere.
Weil die em so was üwwel nimmt,
weil jo bei der' de Rhythmus schtimmt.
Die sägt gemütlich vor sich hie
un werd am siwwe in de früh,
genau so wach wie sich des g'hööört,
wobei mich allerdings jetzt schtöört,
dass sie sich dann gemütlich schtreckt
un mich mit süsse Worte weckt.
Un des Problem wie klar mer sieht,
des liggt am Geschlechterunnerschied.
Der wohl noch aus de Schteinzeit schtammt,
wie noch de Mann dezu verdammt,
dass er – um irgend was zu fange,
am viere aus de Höhl iss gange,
kummt dann am siwwe rum zurück
un hott - mit bissel Jägerglück,
e klennes Mammut dann erbeut',
do drunner leiden mer noch heit.

Ich hoff – dass des ball bei ‘me Mann,
die Gentechnik mol änn’re kann.
Die Gene sinn die Kataschtroph’
dass ich am vier nachts net schlof’.
Un deshalb schunn – ich seh’ des richtig,
is heit die Gentechnik so wichtig,
es sinn halt die verfluchte Gene,
dass ich am neune morjn’s muss gähne
un deht am liebschte weiterschloofe,
ja – ja – so Gene duhn em schtroofe!

U’dankbar

Wer zweimal geht zum Traualtar,
der ist dem Schicksal undankbar
un wer dann ach noch korzer Zeit,
vielleicht zum dritte mol gar freit,
schwört Treue noch e viertes mol,
so enner is doch schunn frivol.
Als was betracht dann der die Fraue?
Dem is doch alles zuzutraue!!!

Exorzismus

En Parrer hott emol erklärt,
wie viel die chrischtlich Daaf doch wert:
„durch ‘s Daafe werd mer erscht en Christ
un ob mer dann net längscht schunn wüßt,

de Deiwel bleibt do uff de Schtreck,
denn treibt mer aus – der is dann weg."

En alder Bauer – wu 's vernimmt,
der segt ganz leise: „Ja – des schtimmt.
Des kann ganz sicherlich so sei,
bloos schpäter treibt mer 'n widder ei!"

„Das glaub ich nicht!" segt de Paschtor,
„das kommt mir nicht wahrscheinlich vor!"
„Ja – ja – hott druff der Bauer g'saat,
Sie lewen ach im Zöllibat!"

Gott sei Dank

Seit Woche hott er 'se bekniet,
ob 'se net endlich zu ihm zieht,
die Lieb, die wär halt e Gewalt.
Korz annerscht g'saat, er braucht 'se halt.

Jetzt schteht es Taxi vor em Haus
Un sie holt graad ehr Koffer raus,
er macht derweil schunn Platz im Schrank
un segt ganz glücklich: Gott sei Dank!
Dann – mittlerweil fascht drei Johr älder,
do is die Lieb schunn bissel kälter
un 's is ach net graad immer schtill,
weil meischt kenns wie de Anner will.

Dann endlich – dann platzt ehr de Krage,
sie hätt genunk – höört mer ‘se sage,
sie raamt ehr ganze Sache aus,
es Taxi wart bereits vor ‘m Haus
un er guggt in de leere Schrank
un segt ganz glücklich: Gott sei Dank!

Die besser Partie

Im Dorf – wie ‘s halt so manchmol is,
do hott e Mädsche es Geriß,
en jeder Borsch ob schtramm – ob schwach,
der schtellt ‘re noch – un möcht ‘se ach.

Die waren reihum all net schlecht,
doch war dem Mädsche kenner recht,
sie nimmt en Schtädter – was jo klar,
weil der halt doch was bess’res war.
Zieht glücklich in die Schtadt jetzt hie,
zu ehre bessere Partie.
Jetzt lebt ‘se – weit vum Dorf – ganz fern,
in enner schtädtisch Mietskasern,
hott Häämweh – noch ehrm Dörfel,
so fallen oft die Werfel.
Verschmäht mer was – in junge Johre,
mehnscht schpäter oft – du hättscht ‘s verlore.

Gleichberechtigung

Schtaatskunde – die is a'g'sat heit,
de Lehrer froogt: „Wer weiß Bescheid
und wer erklärt mir irgendwie,
den Unterschied – Demokratie,
im Gegensatz zur Diktatur.
Wer dieses weiß, der meld' sich nur!"

Doch kenner meld' sich, leider, leider.
Un so erklärt der Lehrer weiter:
"die Diktatur – wenn man die nimmt,
dort nur ein einziger bestimmt,
jedoch wird bei den Demokraten,
sich allseits erst einmal beraten.
Hier hat ein jeder 's gleiche Recht,
nicht einer nur – denn dies ist schlecht.
Wer kann mir hier von diesen Dingen
ein treffend – richtig Beispiel bringen?
Ein Beispiel hiervon – das er weiß,
vielleicht aus dem Familienkreis?"

De Fritzel hebt die Hand – voll Schwung:
"Bei uns herrscht Gleichberechtigung,
do duht sich kenner dann beklage
un jeder kann sei Mehnung sage,
ach mol in aller Schärf,
die Mutter wann 'se will,
de Vatter wann er derf!"

En Frauemund

„Nix schönner wie en Frauemund,“
segt früher en Genießer,
„ob Herzform – länglich oder rund,
nix uff de Welt is süsser!“
Jetzt isser längscht verheierat,
ich treff ihn owends – beim Ka(r)te:
„Ich geh net hääm“ – so hott er g’saat,
„mei Aldi – die soll wa(r)te.
Kaum kumm ich in die Hausdeer nei,
do fangt die aa zu schelte,
es kummt e langie Litanei
un ich hab nix zu melde.
Nix schlimmres wie en Frauemund,
ich bin net zu beneide!“
Es ännert oft sich en Befund,
allmählich mit de Zeite!

Düchtige Fraue

Es gibt wohl nix – des bloos en Mann
un net e Fraa ach mache kann.
ja graad ach wie en Mann so gut,
wann se’s net besser mache duht.
Sie lernt – was je en Mann erreicht
Un lernt des alles noch ganz leicht.

Des loßt ach jeder Mann so gelte.
Bloos Pünktlichkeit – des lernt ‘se selte!

Schülernachtgebet

Liewer Gott ich will net klage,
awer ich will ‘s trotzdem sage:
warum muss dann drei mol drei,
ganz genau schtets neune sei?
Könnt ‘s net ab un zu mol geh‘,
drei mol drei des wären zeh,
oder ach mol achte bloos?
Is der Unnerschied so groß?

Manchmol ging sogar noch elfe,
‘s deht em in de Schul schunn helfe,
Warum derf net so was sei,
also, des sehn ich net ei.

Üwwerall – in Schtadt un Land,
gibt mer sich heit tolerant,
in de Schul kriegscht eischtudiert,
dass mer ach mol toleriert,
ausserdem – in uns’re Zeite,
gilt ach ‘s Recht vun Minderheite.

Henn vun uns’rer Klass - ‘s sinn dreißich,
all gerechent – un zwar fleißich,
neunezwanzich – dodebei,
mehnen – es müsst neune sei,

ehner awwer kummt uff zehne,
ei do dürft mer heit doch mehne,
dass – laut Minderheitsbeschluss,
ach sei Mehnung gelte muss.
Doch die Sach werd noch viel schlimmer,
schpäter dann – im Klassezimmer,
hott de Lehrer laut verkünd',
dass ich zehne richtig find.
Ei des is doch – riesegross,
glatt en Dateschutzverschtoss.
'Ѕ war doch klar mei Resultat,
des er jetzt de annre g'saat.

Wer sich noch in dem Johrhunnert,
üwwer Pisaschtudie wunnert,
wu mer solche Lehrer hott,
also ehrlich – liewer Gott,
nee – der hott die Zeit verschloofe,
denn müsst doch de Herrgott schtroofe.

Un in dem Fall bischt des du,
gut Nacht – un a'genehmie Ruh!
Un allerseits e schöönie Zeit!
Dei unnerdrücktie Minderheit.

Un bring noch em Herr Lehrer bei:
Kalt kann 's am Südpol doch net sei,
wu mer doch aus Erfahrung wääß:
Im Norde kalt – im Süde hääß!

Doch in de Schul do werd gelehrt,
dort wär ‘s genau jetzt umgekehrt,
kee Wunner, das in Schule leider,
mer immer dümmer werd – schtatts g’scheiter!
Amen!

Die Darwinlehr’

De Darwin – eigentlich kenn Dumme,
der is zuerscht dehinner kumme
un schtellt was fescht – do war mer baff:
de Mensch schtammt eigentlich vum Aff!

Erscht war die These arg umschtritte,
der Darwin garnet gut gelitte,
doch schließlich sieht mer dann doch ei:
So könnt des schunn gewese sei.
Schtatts Lehm duht mer en Aff gebrauche,
um dem de Geischt dann eizuhauche,
zumindescht denkt mer bei ‘me Mann,
dass des schunn so geweßt sei kann.
Die Fraa – die jo viel schpäter kumme,
for die hott mer e Ripp genumme,
die is jo darum ach viel schönner,
als wie die Affeabart Männer.

Ach schunnscht liggt manchmol uff de Hand,
dass mer mit Affe artverwandt,

des kammer jo schunn dodraa sehe,
dass mer die Affe leicht verschtehe
un können leichter kalkuliere,
wie die so denken – reagieren.
Wie mer sich eizuschtelle hätt,
des wääß mer jo bei Fraue net.
Un wammer alles des so nimmt,
wääß mer, die Lehr vum Darwin schtimmt.
De Mann is net aus Lehm erschaffe,
awa – der schtammt ganz klar vun Affe.

Doch blenden mer nochmol zurück,
dann ob die Fraa vum Rippeschtück,
des scheint mer ach net ganz gewiß,
ich glaab dass die vum Filee is.
Obwohl – ich denk mer jetzt mol so,
es sinn schunn Unnerschiede do
un manchie Fraa – un 's gibt schunn böse,
doch will ich des Problem net löse.
Weil mer bei Fraue – so wie beim Mann,
jo heit ach nix meh änn're kann.
Wobei die Schwierigkeit do schteckt:
ich hab mei ägenes Objekt,
ball fuffzich Johr – bei mer im Haus
un wie sieht do des Ganze aus?

Bisweile is die – üwwer Woche,
so lieb – un b'schtimmt net aus 'me Knoche,

is zärter wie es zärtscht Filee,
doch plötzlich isse dann ganz zäh
un is so hart – des is en Graus,
do beißt mer sich die Zäh draa aus.

Doch plötzlich – ohne se zu koche,
do werd er widder zart – der Knoche,
es kummen Zeite voller Glück,
dann isse widder ‘s Fileeschtück.
Des zu verschtehe is net leicht,
wammer vum Aff Verschtand un Geischt.
Un wammer dovun jetzt graad redd,
noch ebbes – des verschteh ich net,
bei Aff un Mensch – do is ganz klaa,
de Mann viel schtärker wie die Fraa.
Un es froogt kenn Orang-Utan-Mann,
was er im Urwald fresse kann,
des henn die Forscher längscht entdeckt,
der frißt ganz efach was ihm schmeckt.

Des is bei Mensche net so g’halte
un war schunn so bei uns’re Alde
un duht die schunn de Zahnschwund plooche,
en Mann hott immer müsse frooche:
Derf ich de Sunndagskuche dunke?
Schunnscht duht sei Fraa dezwische funke.
Doch kenn Schimpans’ – uhne Bosse,
der deht sich sowas biete losse.

Des hääßt – vermutlich awer aa,
hätt so en Aff e Menschefraa,
wie se de Herrgott halt erschaffe,
aus'm Fileeschtück vun Mencheaffe!

Des is – wie mer do deitlich sieht,
vum Mensch zum Aff de Unnerschied.

Mondagsärwet

In sechs Dag schafft de liewe Gott,
des Alles – was die Welt so hott,
es Licht – es Meer – setzt Planze nei,
führt zwischedurch ach Ordnung ei,
des war'n die erschte Dag – die viere,
am fünfte Dag gibt 's dann die Diere,
am sechste Dag – em Samsdag dann,
knet' er de erschte Menschemann,
gibt dem e Fraa ball noch dezu
un gönnt am siebte Dag sich Ruh.

Sechs Dag hott er mit aller Kraft,
an seine Wunnerwelt dort g'schafft.
Hätt damals – des behaupt ich glatt,
mer ach schunn e Gerwerkschaft g'hatt,
die sich ge' Samsdagsärwet schtellt,
do gäb 's uns garnet – uff de Welt.
Na – ja – mer wääß jo do nix – leider,
vielleicht macht er dann mondags weiter,

erschafft die Mensche mondags dann,
was mer halt jetzt net wisse kann.

Doch wer e Mondagsauto hott,
der denkt oft an de liewe Gott,
un s' werd em so allmählich klar,
dass die Erschaffung mondags war.
Dann mondags – des is zweifelsfrei,
schleichen sich och meh Fehler ei.

De Unnerschied

'''s war in de gute alde Zeit,
wie 's Sunndags morjn's zum Hochamt leit,
do simmer in die Kerch geloffe
un henn de Bauer Schwand getroffe.
„Mensch! Vetter," segt er do un lacht,
„heit Nacht – do hott die Bless gemacht,
e schtrammes Kälbsche – sicher wohr,
es siebte schunn – in siwwe Johr.
Ja – so e Kuh," so duht er lache,
„die kann em richtig glücklich mache!
Do kannscht," segt er dann noch debei,
„em Herrgott richtig dankbar sei!"

E halb Johr druff, trifft mer ihn widder,
e G'sicht als wie en Leichebitter.
„Was drückt dich?" hott de Vatter g'froocht.
„De Schtorch hott widder was gebrocht,

heit morje – in de Morjeschtunn,
du wääscht jo – sechse hemmer schunn,
jetzt zieh ich ach noch ‘s siebte groß.
Was denkt sich dann de Herrgott bloos?
Des is jo reinschtie Kataschtroph!“
Ja ja – früher – uff ‘me Baurehof,
do war halt schunn en Unnerschied,
wer irgendwann was Junges krieht!

Verständlichkeit

Ich bild mer sicherlich net ei,
ich könnt de Allerg’scheitschte sei
un wann mei Fraa als Maßschtab nimmscht,
bin ich sogar de Allerdümmscht.
Wobei e Fraa des bei ehrm Mann,
vielleicht net so bewerte kann.
So dass ich vun mer selwer finn,
dass ich so etwa Durchschnitt bin.
Ich ligg net vorne – net ganz hinne,
ich bin im Mittelfeld zu finne.
Mag jetzt mei Fraa do ach mol hetze:
so u’gfähr bin ich eizuschätze.

Ich hab gemehnt ich bin net schlecht,
doch merk ich schunn – mei Fraa hott recht.
Wann heit vun g’scheite Dame – Herre,
so um mich rum geredd duht werre,

do hab ich efach eizusehe:
Die Hälft – die kann ich net verschtehe.
Mer is jo net e mol gewiß,
was morje früh des ***Casting*** is.
Un was ich soll dort – liewer Gott,
weil mer des graad ***gecancelt*** hott?
Wubci mer enner a'vertraut,
's is gut – wann ich mich dort net ***out***.

Un ich soll garnix dort verzähle,
do deht mer nämlich 's ***fieling*** fehle.
's bescht wär jetzt wann ich warte könnt,
dic nägscht Woch wär jo der ***Event,***
gut wär – wann ich dort anneging,
dort wär ach gutes ***Catering***,
un 's käm fascht schunn 'me ***Hearing*** gleich,
des wär schunn eher mein Bcreich.
Zwar lieb ich Hering – sicherlich,
die Matsches b'sonders, wann 'se frisch.
Doch wu mer Hering bloos serviert,
do bin ich net so intressiert.

E groß Problem for mich des bleibt,
was mer heit redd un sogar schreibt
un jeder segt – dass er 's verschteht,
for so was bin ich halt zu blööd.
Na ja – ich muß mich mit so Sache,
jo schließlich ach net wichtich mache,

drum kann – beim redde wie beim schreiwe,
ich Gott sei Dank bei Pälzisch bleiwe.

Was widderum net jedermann,
der des dann hört – verschtehe kann.
Es kann halt mol - genau besehe,
net jeder – jeden ach verschtehe,
na ja – verfolgen mer ‘s net weiter,
so isses halt mol – leider – leider,

Gottlob – ehns wääß ich sicherlich:
Die Pälzer – die verschtehen mich!

Pälzer Schtolz

Ich schämm mich for mei Mundart net,
schunn weil ich die halt arg gern redd
un sicher glaabt mer jedermann,
dass Mundart redde b’schtimmt kee Schann.

Wer Mundart redd – redd net in Faxe,
redd wie de Schnawwel ihm gewachse
un Mundart is jo ach nadierlich,
drum sicherlich net u’gebührlich.

Jetzt treff ich mol – vor Woche anne,
e Fraa – die hott mich net verschtanne,
uff ee mol – un des sinn kee Schprüch,
segt die: „Sie reden fürchterlich,

so wie ja alle hier im Ort
und ich verstehe hier kein Wort."
Ich war e bisselsche verschreckt,
dann sag ich: „des is Dialekt,
des fallt de Leit do garnet schwer.
Was for en Dialekt henn ehr?"

Die guggt mich aa – wie so en Doofer:
„mein Gott – ich komme aus Hannover,
dort redet man so wie man spricht,
einen Dialekt? – das kennt man nicht!"
„Na ja" – so sag′ ich dodruff dann,
„wann sich en Mensch nix merke kann,
liest immer alles ab beschtännich
un merkt sich halt nix aussewennich,
dem werd jo dann nix üwwerich bleiwe,
zu redde so – wie mer 's duht schreiwe!"

„Nein!" segt die Fraa jetzt ganz entsetzt,
„sie liegen gänzlich falsch da – jetzt,
es ist der Stolz von unserer Stadt,
dass keinen Dialekt man hat!"

Ich sag dodruff: „Des seh' ich ei,
do henn 'se schunn Grund schtolz zu sei,
meer Pälzer sinn 's jo uhne Frooch,
ach uff die Berge, die so hoch,
die immer schunn so hoch geweßt,
so hoch wie de Mont Everest,

druff wachst noch ‘s beschte Eicheholz,
ja – dodruff sinn meer Pälzer schtolz!“

Jetzt duht ‘s der Fraa die Schprooch verschlache.
„Oh Gott!“ segt ‘se, „oh welche Sache,
dass solche Berge hier im Land,
das war bis heut’ mir nicht bekannt!“

„Jo!“ sag ich, „Fraa – was soll die Redd,
so Berge hemmer jo ach net,
doch wann Sie schtolz sinn – so am Enn,
uff ebbes wu ‘se garnet henn,
do können mer doch ach verzähle,
voll Schtolz vun Sache, wu uns fehle!“

De gewissenhafte Beamte

Gewissenhaft – des war er immer,
morjn’s pünktlich im Beamtezimmer,
korrekt – un schtets ach druff bedacht,
damit er jo kenn Fehler macht.
Warum – na ja – damit bei Gott,
de Schtaat durch ihn kenn Schade hott.
Kee Fehler mache war sei Ziel,
drum schafft er ach net allzu viel.

Jetzt – korz bevor mer ‘n pensjoniert,
do hott ihn doch de Schlag gerührt,

er bet jetzt – noch dem schwere Schlag,
dass ihn de Doht am Dunnerschtag,
wann 's irgend machbar – hole sollt.
Er hott halt efach net gewollt,
dass in de Regelarweitszeit,
mer ihn beim ledschte Weg begleit.

Haucht Dunnerschtags er 's Lewe aus,
dann trägt mer 'n nämlich Samstags naus.
Warum – na ja – damit bei Gott,
de Schtaat durch ihn kenn Schade hott.

Er hott zwar allzu viel nie g'schafft,
doch war er sehr gewissehaft!

Die Doktersleit

En Mensch, wie ihn die Schöpfung g'schafft,
is eigentlich recht mangelhaft.
Nemmt bloos die Hoor uff Köpp vun Männer,
im Alder hott die kaum noch enner,
graad wammer leichter neigt zum friere,
do duht mer dann die Hoor verliere.
Nemmt mol die Zäh im Kiefermund,
wie lang sinn die bei Mensche g'sund?
Die kammer berschte un poliere,
im Alder duht mer 'se verliere.

Or nemmt de Blinddarm - denn Falott,
was mer mit dem for ‘n Ärger hott,
der daucht zu nix - mer braucht en nie
un irgendwann do isser hie,
un holt mer dann denn Worm net raus,
dann isses hortich mit em aus.

Die Prostata is rauszuhewe,
en Jungg’sell braucht die nie im Lewe,
die braucht doch högschtens mancher Held,
zur Mehrung vun seim Kinnergeld.
Ab dreißich - simmer doch mol ehrlich,
do isse sowieso entbehrlich.

Manch Beischpiel wär do noch zu nenne,
ehr duhn die Hämorridde kenne,
die sinn bloos do um em zu quäle,
die könnten doch ganz sicher fehle.
Un duhn doch mol an Fraue denke,
die uns - de Männer Kinner schenke,
gewiß - die Machart is ganz nett,
wann schunnscht mer net denn Ärger hätt,
es schpricht doch awwer nix degegge,
dass Fraue efach Eier legge
un wer sich for e Kind entschiede,
der brauchts dann bloos noch auszubrüte.

Doch wann ich mol ganz ehrlich bin,
henn all die Sache schunn ehrn Sinn,

was deht dann unsern Herrgott mache,
geb ‘s net die ganze Krankheitssache,
wann ‘s des net alles gewe deht
un ‘n Dokter ‘s Vater Unser bet?
Do wär de Herrgott arg in Not,
der Mann bitt’ doch um ‘s däglich Brot
un ob der laut bet - or im Schtille,
mer muß em doch sein Wunsch erfülle.
Des hott de Herrgott wohl bedacht
un drum uns net so g’sund gemacht,
so dass en arme Doktersmann,
dann ach vernünftich lewe kann.

Ja liewer Gott - so isses ewe,
so lang mer kann vun Krankheit lewe,
do is der blööd, wu ‘s net prowiert,
un drum net Medizin schtudiert.
Un um ehns richtich herzurichte
do braucht mer erschtens Schpezialischte
un braucht ach ausserdem denn Mann,
der wu vun allem ebbes kann.

Drum is ganz wichtig for’n Schtudent,
dass er vum Mensch de Uffbau kennt,
der jo aus Knoche - Haut un Flääsch
un inne hart - un ausse wääsch
un voller Blut un voll Organe
un Sehne - Ad’re - Nervebahne

un des dann fascht an jeder Schtell,
wie schunn am allererscht Modell.
So is bei Zahme wie bei Wilde,
doch willscht dich anatomisch bilde,
werd halt gewissenhaft schtudiert,
wie so en Mensch jetzt konschtruiert.
Wääß mer wie alles eigericht,
do werd mer schpäter Schpezalischt,
verliert am Meischte dann ‘s Intresse,
ja duht ‘s oft regelrecht vergesse.
Do gibt ‘s - als Beischpiel efach so,
en Schpezialischt, de HNO.
Der braucht sich bloos de Schtuhl zu rücke
un bei de Behandlung net zu bücke,
doch wann mer net dezu geneigt,
dass jeder emm die Zung jetzt zeigt,
werd des net in Betracht gezoge.
Dann gibt ‘s ach noch die Proktologe,
die schaffen weiter hinne dann,
wu kenns die Zung ‘ne zeige kann,
doch schließlich gibt ‘s jo e Gebiet,
des mer als Mann viel liewer sieht,
drum duhn die g’scheitschte Doktersherre
gynäkologisch tätich werre.
Un weil - halt doch so durch die Bank,
e g’sundie Fraa schunn recht oft krank
un manchmol ach noch duht gebäre,
do kammer sich do schunn ernähre.

Dann gibt ‘s – un sowas is kenn Scherz,
en Schpezialischt sogar for ‘s Herz.
Ja liewe Leit – do froogt mer schunn,
wie kammer lewe – dodevun?
Do kummscht ach kaum mol draa mimm Messer,
do henn ‘s die Orthopäde besser,
weil ‘s Knocheg‘schtell schunn ebbes biet
un mer dort jo viel leichter sieht,
wann irgendebbes dodebei,
net ganz so is, wie ‘s dort soll sei.

Es wären viele noch zu nenne,
Dermatologe duht mer kenne,
die awwer net for ‘s Innedrin,
die Därm – de Mage wichtig sinn,
nee – nee – der Name is versaut,
die braucht mer – wann was an de Haut.

Doch mein Reschpekt gilt Dame – Herre,

die gar kee Schpezialischte werre,
die – wann ach Johre schunn entfernt,
noch wissen – was ‘se mol gelernt.
Die allgemeine Mediziner,
des sinn die echte Menschheitsdiener.
Die zwölf Schtunn lang am Dag noch rennen,
vermutlich ach die Uhr net kennen,
die dann vun Dame – wie vun Herre,
als meischt noch a’geloge werre.

Es werd gelebt – geraacht un g'soffe,
dann duht mer uff de Dokter hoffe,
wann innewennich alles hohl,
durch Nikotin un Alkohol.
Is alles ausser Rand un Band,
kummt mer zum Dokter, wie bekannt,
wobei wohl kaum ehns ehrlich saacht,
wieviel er g'soffe un geraacht.

Ja – efach werd des oft net sei,
will enner bloos en Krankeschei,
als Sonderurlaub – mol zwee Woche,
was klagt der üwwer Herz – un Knoche,
was do en mancher üwwertreibt,
bloos dass de Dokter krank ihn schreibt.
Was duhen do oft lammediere
un wollen dehääm bloos dabeziere.
Sie henn 's net leicht – in unsrer Zeit,
die liewe gute Doktersleit
doch sag ich – weil ich ehrlich bin,
dass Ärzt for mich wie Fallschirm sinn,
mer hofft – dass mer denn niemols braucht,
doch wann mern braucht – dass er was daucht!

Jesus

Uff ehner Bank – in ehner Reih
do hocken Männer un zwar drei,

do segt dann ehner: „Gugg mol do,
do vorne kummt de Jesus jo!“
„Nee,“ nimmt de zwette do die Redd,
„des is de Jesus sicher net,
gewiß – er duht ihm ähnlich sehe
un duht ach in Sandale gehe,
des is so ‘n grüne Schpinner – eher!“
Inzwische kummt de Jesus näher.
Do froogt der erschte ihn halt dann:
“Bischt du de Jesus – guter Mann?“
Woruff de Jesus efach graad,
mimm Kopp mol nickt – un des bejaht.
„Jo!“ segt de zwette, „redd kenn Scheiß,
do braichten mer erscht en Beweis,
wann du en sei widd,“ duht er enne,
„dann muscht des ach beweise könne!
De Jesus – früher – duht doch bisweile,
die Mensche als mol wunnerheile.
Ich hab ‘s im Knie.“ So segt er keck,
wann ‘d Jesus bischt – mach mer dess weg!“

De Jesus murmelt e paar Wort
un bauffdich – sinn die Schmerze fort.
„Oh je!“ hörscht jetzt, „hoscht mich verwischt,
jetzt glaab ich ‘s wirklich – wer du bischt.“

Do segt de erschte: „Jesus – hör,
mer macht mei Bandscheib so Malhöör,

ich hab dich jetzt jo ach erkannt,
helf meer mol – mit der Wunnerhand!“
De Jesus kloppt em uff de Rücke,
schunn kann der Mann sich widder bücke.

Donoch dreht sich de Jesus rum
un guggt sich noch em dritte um,
doch der schpringt uff un kreischt voll Schreck:
„vun meer loß bloos die Finger weg,
meer loscht mei Leide, Jesus – horch,
ich hab mei Rente noch net dorch!
Bring jo mich net in den Verdruß,
dass ich noch fünf Johr schaffe muß!“

De Schinke

En Schinke – der von hoher Güt’,
is sicher von de Sau die Blüt’.
Und muß insofern – zweifelsfrei,
jo wirklich vegetarisch sei.
Weshalb ihn jo ach unterdesse,
die strengschte Vegetarier esse.

Mer ißt ihn jo ach sowieso,
net bloos gekocht – nee, oft ach roh,
weshalb er ach als Rohkoscht gilt.
Jetzt is doch jeder wohl im Bild

un jedem is wohl jetzt gewiß,
wie wertvoll doch en Schinke is!

Un noch was zeigt er – deht ich mehne,
es is net alles abzulehne
was aus ‘me Sauschtall kumme duht,
un ‘s is ach manchmol wirklich gut.

Handkäs

En Handkäs’ – des is allbekannt,
hääßt Handkäs’ – weil er g’formt vun Hand
un weil meischt Pälzer Händ net klee,
sinn Pälzer Handkäs’ groß un schää
un is’s kenn Deller – kenn ganz voller,
dann hääßt de Handkäs’ – „Harzer Roller“.
(Der allerdings kann dodebei,
ach en Kanarievogel sei.)
Doch wollen mer beim Handkäs’ bleiwe
un denn – denn möchte ich mol beschreiwe.
Die Form is rund – ach des wääß jeder
un hoch – so drei – vier Zentimeter.
Un noch was derf mer net vergesse:
net kaafe – un sofort dann esse,
awa – des soll mer schunn begreife:
en gute Handkäs’ – der muß reife.
Zum reife kummt er in e Schüssel,
dann Kümmel druff – net bloos e bissel,
dann nimmscht e Schoppeglas voll Wei,
paar Droppe in die Schüssel nei,

en gute Riesling is do ‘s bescht,
dann setzt mer sich – un trinkt de Rescht.
Gönnt sich e vertel Schtunn an Ruh,
donoch binnt mer die Schüssel zu.
Jetzt braucht ‘s so drei, vier Dag an Zeit,
die Nas’ die segt em – wann ‘s soweit,
dann Zwiwwle druff – uff ‘s ganze Schtück,
schunn hoscht en Handkäs’ mit Musik.

Doch net so arg lang ligge losse,
schunnscht macht der Handkäs’ plötzlich Bosse
un will oft häämlich schtill entweiche
un langsam der vum Deller schleiche.

Un wammer’n jetzt verdäält mimm Messer,
ich wett’ – do schmeckt kenn Kaviar besser.
Wann denn de Mage jetzt verschafft,
gibt er em Lewensluscht un Kraft
un außerdem wääß jedes Kind,
er gibt em ach noch Rückewind.
Un weil ‘s halt kaum was Bess‘res gibt,
is jo der Handkäs’ so beliebt,
werd’ Handkäs’ mit Musik genennt,
so wie mer’n in de Palz halt kennt.

Un wann ‘s ach hääßt, er deht so schtinke,
de beschte Wei kannscht dozu trinke,
schunn deshalb is es net verkehrt,
dass mer denn gute Handkääs ehrt.

De Worschtmarksaff

Ich war vielleicht so schticker siwwe,
do war ich uff em Worschtmark hiwwe
un net allee – mer waren drei,
dann Mamme – Schweschter war debei.
De Vatter fehlt – des war sein Schade,
dann der war geschtern schwer gelade,
dem war ‘s drum heit – des is kee Frooch,
zum weitertrinke net denooch.
Do wär de beschte Wei wie Gift,
doch ich – wie sich des manchmol trifft,
ich duh mein Unkel Kunrad sehne,
der kaaft mer Lose – un zwar zehne.

Zunägscht - un ohne Unnerschiede,
do war’n die erschte neune Niete,
es zehnte Los ich denk ich schpinn,
war tatsächlich de Hauptgewinn.
Un wann de Hauptgewinn debei,
do hoscht die Auswahl jo – die frei.
Ich hab do net lang müsse denke,
en große Aff duht owwe henke,
en Meter groß un lewensecht,
denn nemm ich meer – der war mer recht.

Ach Gott hott mich des Dier beglückt,
was hab ich jetzt mein Aff gedrückt
un sicher henn mich alle Leit,
jetzt um denn schööne Aff beneidt.

Am Häämweg – korz vorm Bahnhof dann,
do sieht mich irgend so en Mann,
der guggt mich aa – un segt ganz baff:
„Wu willscht dann hie – Bu – mit dem Aff?“
Die Mutter segt: „So isses halt,
der laaft genau hääm wie de Ald,
dann der hott geschtern – ‘s kammer sage,
en noch viel größre häämgetrage!“

Moral:
Ja – uff em Worschtmarkt, wie mer wääß,
gibt ‘s Affe halt vun jeder Größ.

Schimpfworte

Schunn immer war e liewes Wort,
zu rechter Zeit – am rechte Ort,
es Beschte – des wu Fraa – wie Mann,
gelegenlich gebrauche kann.

Doch die Betonung – dodebei,
de rechte Ort – die Zeit – muß ‘s sei.
Un wammer des net richtich macht,
de rechte Ort – die Zeit net acht,
kann Ärger in so Wörter schtecke,
des sollt mer immer üwwerlegge.

Des duht nadierlich noch meh gelte,
duht mer mit laute Worte schelte.

Do macht de Ton dann die Musik,
drum halt mer besser sich zurück,
dass net de Ärger programmiert
un em gar vor de Richter führt.
Doch wann – sollt die Vernunft halt siege,
net alles mit de Goldwoog wiege.
En wahre Mann duht so sich zeiche:
was kümmert es die deutsche Eiche,
wenn sich die Wildsau an ihm reibt?
Un wer bei so 'me Schtandpunkt bleibt
der zeigt, dass er als rechter Mann,
net leicht beleidicht werre kann.

Meer sinn manch hartes Wort gewöhnt
Un ob 's der Anner ach so mehnt?
Un ausserdem, zum Schluß noch graad:
'S kummt schtets druff aa **wer, was, wu** saat!

Drum, will eich enner so mol schtööre,
am beschte duhens üwwerhööre
un denken halt ganz efach dann,
das der eich jetzt mol kreizweis kann.
(Un was? Na des is doch kee Frooch,
des lesen halt beim Goethe noch,
der duht des doch ganz deutlich bringe:
Man siehe – Götz von Berlichinge!)

Neies vum Schorsch un vum Franz

De Schorsch war immer en fleißiche Mann,
war immer begehrt – schunn weil er was kann,
zu viel for sei Ärwet hot nie er genumme
un doch – mit de Johre – er is zu was kumme.

E Haisel – in Ordnung – un ohne geprahlt,
die ledscht Hybodehk schunn seit Johre bezahlt,
sei G'schäftel, net groß, doch beschtens in Schuß
un dann, wu mer grad jo sich wunnere muß,
do hott er kee Schulde, des war net sei Art
un ach e Paar Märker, die hott er sich g'schpart.
Des hääßt jetzt sinn 's Euro, der hott des halbiert,
dann hott er paar Aktie – zwar nie schpekuliert,
doch 's bleibt ebbes hänge, korzum im Vergleich,
zum Franz, der sein Bruder, do isser heit reich.

Der Franz war net faul, doch mer konnt en nix hääße,
soball was verdient war, do duht er 's verrääse,
der kennt in Mallorca de ledscht Meter Schtrand
un net bloos es Meer – der kennt jedes Land,
der war halt uff Achse – mol nah un mol fern,
was soll mer do sage – der rääst efach gern.

Der hott jo ach gern als in Wertschafte g'hanke,
der macht sich ums Alder halt garkee Gedanke.
Jetzt wohnt er in Miet un hoch unnerm Dach,
des is en Sozialbau – un Zuschüss gibt's ach,

er lebt vun de Fürsorg, er hott jo ach nix,
er is halt im Alder e Schtiefkind des Glücks.

Do neilich – do trifft er sein Bruder, de Schorsch:
„Wie geht's dann mei Liewer? - wie geht der's dann Borsch?"
De Schorsch hott gelacht: „Ich kann halt net klage,
mer geht 's jo net schlecht un ich will der was sage
wann ich ebbes brauch, ei hol 's doch de Schinner,
ich zahl nix meh selwer – des zahlen mei Kinner!"

„Des glaab ich deer net!" wend' de Franz dodruff ei,
„des zahlen dei Kinner? Des kann jo net sei!"
„Un doch isses wohr – dann rechen mol aus,
mei Kinner die erwen mol 's G'schäft un mei Haus
un 's Schpargeld, die Aktie, des is jo ganz klar,
des erwen mei Kinner dann hinnenoch aa!
Un wann ich was ausgeb' heit, des is mei Redd,
dann geht des halt ab – un des erwen 'se net!"
„Ja!" segt do de Franz druff, „do geb ich der Recht,
bei meer is genau so, drum geht mer 's net schlecht!
Un was ich ach brauch heit, do mach ich kee Schprich,
des zahlen dann ach mol dei Kinner for mich!"
„Des kann doch net sei!" platzt de Schorsch dodruff naus,
„du hoscht doch nix G'schpartes – un hoscht ach kee Haus,
hoscht alles verpulvert – un garnet so knapp
un dort wu kee Erbschaft, dort geht a nix ab!"
„Ich duh nix vererwe!" gibt de Franz dohie zu,
„doch jetzt üwwerlegg mol, denk nooch mol, in Ruh!
De Schtaat kann doch mich – a des wären doch Bosse,

net efach im Alder verhungere losse.
Un mei Fürsorg – un alles – des zahlt doch de Schtaat,
der hot jo net immer graad ‘s Geld so parat,
dann macht der halt Schulde – na – kummscht jetzt dehinner?
Des zahlen doch schpäter jo ach mol dei Kinner.
Dann denk emol noch – sollscht du emol schterwe,
dann schröppt doch de Schtaat halt zuerscht mol dei Erwe.
Die Hälft fascht – des müssen dei Erwe erdulde,
des nimmt dann de Schtaat – un bezahlt mit sei Schulde.
Die er halt muß mache, for mich do jetzt heit,
weil ich gern geräääßt bin – in früherer Zeit.
So zahlen dei Kinner halt net bloos for dich,
die zahlen genau ach so gut dann for mich!“
De Schorsch üwwerlegt un er nickt mit em Kopp,
dann denkt er: was war ich e Rindvieh – en Tropp.
Ich hätt mer doch ach als was leischte gekennt,
doch nee – ich hab g’schpart un mer kaum was gegönnt.
Un denk an mei Kinner in jedere Schtunn
un heit – er hott Recht – was henn ‘se devunn?

Mei Kinner sinn graad so wie ich jetzt de Dumme,
vun dem was ich g’schpart – kriehn die Hälft ‘se genumme
un ‘s geht jo beschtimmt uhne Schpare un Fleiß,
do is unsern Franz jetzt de beschte Beweis.

Kochbuchgedanken

En Mensch - des derf mer net vergesse,
muß - dass er lewe kann - was esse.
Des braucht er – dass er ebbes schafft,
weil, wer nix ißt hott jo kee Kraft,
dann braucht er ach die Vitamine,
die Elemente - Proteine
un alles - was ehr jo wohl wißt,
des nimmt er zu sich - wanner ißt.

Drum schtoppt mer sich de Mage voll,
doch weil 's jo ach noch schmecke soll,
net bloos em Mage - ach em Herz,
do braucht er ausserdem Gewerz.
Nadierlich - mit zu gute Schpeise,
duht des System ach mol entgleise,
weil - wann 's em schmeckt un is ach gut,
mer bissel meh dann esse duht,
des gibt dann denn bekannte Schpeck
un der geht nimmie efach weg.

Doch 's is halt so - wer ebbes schafft,
der braucht zu allererscht mol Kraft.
Un wer was Rechtes macht im Lewe,
der muß sei Wohlbefinde hewe,
dann 's liggt doch offe uff de Hand,
wer hungrich is - bringt nix zu Schtand.

En leere Sack bleibt halt net schtehe,
des kammer doch ganz deitlich sehe,
aus Druckemuusel - aus so derre,
do kann halt efach net viel werre.

Un ausserdem - was duen Fraue,
die gut ernährt sinn uns erbaue,
mit schöönem Hinnerdääl - un Bruscht?
Die Bibel schreibt vun Fleischesluscht,
duht doch mol in die Bibel sehe:
vun Knocheluscht duht do nix schtehe.
Un des - wie jedes Beischpiel zeicht,
des werd durch Eßkultur erreicht.

Jetzt wend vermutlich mancher ei,
en Ochs frißt ach bloos Gras un Hei,
e bissel Kleie oder Hawwre,
anschunnschte kriegt der nix zu knawwre
un sauft dezu ach Wasser jo.
'ṡ is halt en Ochs - do is mer so.

Doch weil jo - wann ich offe bin,
net alle Mensche Ochse sinn
un woll'n ach net bloos Wasser trinke,
duht der Vergleich e bissel hinke.
Dann Mensche henn schunn vun Nadur,
e ganz besondrie Eßkultur,
des duht e ann'rie Form entwerfe
un schuld draa sinn die Gaumenerve.

Die duen halt de Ochse fehle,
doch Mensche können dodruff zähle.
Drum wär es efach paradox,
vergleicht en Mensch mer mit em Ochs.
Weil des so is - un immer war,
do is der Punkt - so hoff ich klar
un domit is jo ach erklärt,
wie sich en g'scheite Mensch ernährt.
Un darum hääßt 's net ummeschunnscht:
was G'scheit's zu koche is e Kunscht.

Un richtig isses ach zu sage:
die Liebe geht halt durch de Mage.
Un wer e Fraa verwischt als Mann,
so ennie die gut koche kann,
der duht die sich beschtimmt bewahre
un kann de Scheidungsa'walt schpare.
Doch 's gibt ach Männer - ehrlich g'saat,
die kochen wie for Götter graad,
was Rechtes uff de Deller bringe,
duht denne meischterhaft gelinge,
so Männer sinn halt ach en Sege,
ja oft selbscht Fraue üwwerlege.

Ganz klar - will mer was Gutes mache,
do brauchts zunägscht mol gute Sache,
die Herkunft schpielt e Roll, die Frische,
doch derfscht des net zusamme mische,

verkoche zu ‘me Allerlei,
do hätt mer bloos en fade Brei.

Dann braucht - damit des ach brilliert,
mer noch Gewerze - fein dosiert.
Dann schunn mit Salz im Üwwermaß,
werd aus em beschte Esse Fraß.
Do brauchscht Erfahrung - un net wennisch,
dann ach de G’schmack ännert sich schtännich,
do kummt mer so allmählich druff
un ‘s beschte is - mer schreibt sich ‘s uff.

Man nehme, - fangt des meischtens an,
dann: tue dies und jenes dran,
koch dieses lang - und das in Kürze,
geb ihm die rechte - leichte Würze,
tu es mit Soßen überschöpfen
und brate es in Fisslertöpfen!
Des letschte kammer zwar vergesse,
dann des sinn werbliche Intresse.
Doch will mer wirklich gute Sache,
soll mer des ann’re ruhig so mache,
weil jo der Koch - des walte Gott,
e längerie Erfahrung hott.

Korzum - ich bring’s mol uff de Nenner,
so Kochbuchschreiwer sinn jo Kenner,
was die versaut - bis ‘ses erfahre,
des kann sich unserenner schpare.

Do schpart mer Ärger - Geld - un Zeit,
drum kaafen Mensche - wann ‘se g’scheit,
e richtig Kochbuch - wu drinn schteht,
wie alles gut zu mache geht.

Korzum - es is halt doch gewiß,
dass schwarz uff weiß do besser is.
Un farwich zeigt mer noch ‘s Gericht,
was einwandfrei for ‘s Kochbuch schpricht,
weil efach dodurch jedermann,
e bissel besser koche kann.
Zwar stehen die meischt im Schrank ganz hinne
un sinn drum schwierich als zu finne
un hoscht im Schrank e ganzie Reih,
des wu mer braucht is net debei.
Un trotzdem, so e Kochkunschtfibel,
is wichtiger noch wie die Bibel,
fascht wichtiger - do bin ich sicher,
sogar als wie mei Mundartbücher.

Obwohl – do ligg ich doch net fehl,
die sinn halt Leibschpeis for die Seel.
E bissel oft ach noch for ‘s Herz
un brauchen jo bloos eh Gewerz,
des is Humor in frohem Sinn
un der, der is bereits schunn drinn.

Trinkgewohnheite

Es Trinke lernt de Mensch zu erscht,
viel schpäter erscht es Esse,
drum soll er dankbar - noch als Greis,
ach ‘s Trinke net vergesse.
Des is e Schprichwort - un is wohr,
dann ganz egal mit wieviel Johr,
en Mensch - damit er ebbes werd,
damit er net ganz schnell verderrt,
der braucht zu jeder Johreszeit,
zu allererscht mol Flüssichkeit.
Dobei sieht jeder wohl jo ei:
des kann zur Not schunn Wasser sei,
weil Wasser - ‘s wääß jo jederman,
em ‘s Lewe schunn erhalte kann.

Wobei e Kuh als Beischpiel schteht,
dass durchaus bloos mit Wasser geht,
zum Esse langt dann dodebei,
ach schließlich jo bloos Gras un Hei.

Doch weil de Mensch seit aller Zeit,
sich halt vum Rindvieh unnerscheid,
viel g’scheiter is - un denke kann,
do segt er sich mol irgendwann:
wann Wasser längscht ach lange deht,
ja liewer Gott - bin ich dann blööd,

ich trink was - des mer besser schmeckt!
Un wie er dann de Wei entdeckt,
do war ihm klar, so reiner Wei,
des muß 's Getränk for Mensche sei
un des werd künftig jetzt genosse,
es Wasser duhn mer'm Rindvieh losse.

Dann kummt dezu - dass mer entdeckt,
dass Wei jo ganz verschiede schmeckt.
Des geht vun babbsüß - bis zu sauer,
des hääßt, nimmt mer des noch genauer,
do fehlen eigentlich die Worte,
dann Weine gibt's jo dausend Sorte,
do duh ich b'schtimmt net üwwertreiwe,
die kammer also net beschreiwe.
Do muß mer folglich efach schmecke,
so kammer schunn sei Sort entdecke,
doch langt des net - wie ehr jo wißt,
es kummt druff aa ach - was mer isst.
Doch ach de A'laß - wann mer trinkt,
der is ganz wichtig - u'bedingt,
drum kann en Landwei besser sei,
als Ausles' oder dei'rer Wei.

Um sich zum rechte Weg zu führe,
hilft drum bloos ehns: mer muß prowiere.
De nägschte Schritt sinn die Gemäße,
dei Wei braucht ach die rechte G'fäße.

‘s wär also völlich falsch - ehr Leit,
for jeden Wei - zu jeder Zeit,
es gleiche Glas - mit gleicher Menge,
als ehnzich richtich uffzudränge.

Do is zum Beischpiel mol de Piff,
der is jo jedem en Begriff
net ‘s richtich Glas - zum Schorle mische
un sich - wann ‘d dorschtich - zu erfrische.

Do nimmt mer besser ‘s Schoppeglas,
des is do eher ‘s rechte Maß,
ach wann mol Freunde im Verband
un ‘s Glas geht rum - vun Hand zu Hand,
in enner Runde - die wu schöö,
is efach halt de Piff zu klee.
Do is - wann mich jetzt enner froocht,
e Schoppeglas bloos a’gebroocht.
Doch hott mer ganz en edle Troppe,
do isser widder nix - de Schoppe,
Do is isser ‘s rechte Maß, de Piff,
aus Bleikrischtall - mit edlem Schliff,
es Zimmer bissel abgedunkelt,
dass Kerzelicht im Gläsel funkelt,
des is gepflegtie Weikultur,
doch noch ‘re lange Wannertour,
im Summer - so bei verzich Graad,
do wär des Glas schunn viel zu schad
un weil jo bloos e Zehtel drinn,

hätt jo ach ‘s Quantum wennich Sinn.
Do is - bei so ‚me hääße Ma(r)sch,
es beschte Quantum schunn die Flasch.

Mer sieht ganz deitlich - liewe Leit,
de recht Wei - zur rechte Zeit,
es rechte Maß - zu rechte Zeite,
des muß mer efach unnerscheide.
Drum - wann de Mensch - naturbedingt,
aus Dorscht un Frääd mol enner trinkt,
der braucht e G’fäß - des inhaltsvoll,
des is, was mer bedenke soll,
Bei Feschte - die recht feierlich,
do macht e klee Glas sicherlich,
mit Weine die wu schwerer - drinn,
halt efach mol en bess’re Sinn.
Do werd de Wei halt meh genosse,
is des dann kunschtvoll noch gegosse,

mit hohem Schtengel – doch bedenk,
des hätt beim Weifescht glei die Kränk.
Des muß mer wisse - was do schtimmt,
was for e Glas mer wann mol nimmt,
so wie de Wei - ach der muß basse,
drum möcht ich korz zusammefasse:
for Wei zu trinke - zweifelsfrei,
do derf mer net de Dümmschte sei,
dann schunn for ‘s Glas in deiner Hand,
brauchscht - for ‘s zu hewe, dein Verschtand.

Wer ‘s owwe grabbscht - so an de Ränd
un hott noch Kernsääf an de Händ,
der werd vum Wei net viel entdecke,
dem muß er schließlich ach net schmecke.

Schun domit is jo klar erwiese:
Wei muß mer mit Verschtand genieße
un wer kenn Dunscht hott - do kenn blasser,
der trink halt - wie die Ochse - Wasser
un macht ‘s so wie die Muselmänner,
un Wei trinkt der am Beschte kenner.
Wer awer mit Verschtand gebore
un denn bewahrt hott - üwwer Johre,
der setzt denn schließlich jo ach ei,
beim Esse - un bei gutem Wei.

Dann gutes Esse - wie bekannt
un guter Wei sinn artverwandt.
Drum esst un trinkt - des is mei Bitt,
ich wünsch gepflegte Abbedit!

Wasser trinke

Bei Wasser denkt mer an Schaffhause,
do duht’s die Felse runnersause,
an Wasser denkt mer ach beim Rhei.
Schunnscht denkt de Pälzer bloos an Wei.

Doch des ehr Leit is u’gerecht.
Ach ‘s Pälzer Wasser is net schlecht,

dann Wasser braucht mer for zum wäsche,
vielleicht ach mol zum Feier lösche,
dann braucht mer's ach zum Fässer schwenke
un 's wär doch ach net auszudenke,
mer Pälzer könnten nimmie bade
un nimmie gieße als - im Gaate,
ach Gott - des is net uffzuzähle,
was wär - deht uns es Wasser fehle.

Na ja - zum Trinke - ehrlich g'saat,
do isses Wasser jo zu schad,
es bescht zum Trinke is halt Wei,
doch halt - do fallt mer ebbes ei:
For Kinner - wu noch lerne müsse,
is Wei zu g'fährlich - wie mer wisse,
zwar is jo - wann ich ehrlich bin,
do 's Wasser drinke nimmie ***in***,
was die heit drinken - so mit G'schmack,
in Zehtel's - oder Literpack,
verpackt in Dutte oder Flasche
un drummerum mit Tragedasche,
des - weil mer uns jo all verdummt,
dann alles in die Mülltonn kummt
un duht uns dann zum Himmel schtinke,
wär weg - deht jeder Wasser drinke.

Mer sinn - wu so in Deitschland wohne,
so knappe acht mol zeh Milljone

un rechent mer im Durschschnittsinn,
dass ‘s zeh Milljone Kinner sinn,
un jeder drinkt jetzt bloos eh Fläschel,
des noch verpackt im Plastikdäschel,
des gibt pro Dag en Abfallsege,
de Dunnersberg is nix degege.

Doch nimmt - wie früh’r im ganze Land,
en jeder jetzt sei hohlie Hand
un schöppt sich Wasser aus em Brunne,
do wär der Müllberg schunn verschwunne.

Un so e Meng’ wär des dagdäglich,
ee hohlie Hand - die macht des möglich.
Un wend mer do jetzt enner ei:
Des deht jo net hygienisch sei,
des wär jo alles net schteril,
Bazille gäb’s do - ziemlich viel,
denn frog ich, ob er dann noch g’scheit.
Ja lewen meer dann nimmie heit?
So war’s halt in de früh’re Zeite,
ich will jo niemand was verleide,
doch ‘s soll‘s die Üwwerlegung lehre,
mer dürfen all uns net beschwere,
wann kenn’s meh wääß - in welles Eck,
wuhie - wu naus heit noch mimm Dreck.

En Vertel Schoppe in’re Dos,
e Plastikdutt drumrumm - wie groß,

dann drinkt e Kind - in gröschter Wonne,
die Hälft - de Rescht fliegt in die Tonne
un ‘s mault dann noch - mit seine Alde:
„Ehr müßt die Umwelt sauwer halte!“
Wu’s mit de hohle Hand jo ging.
Was wär der Abfall dann gering!
Die werd an de Hosse abgebutzt,
do werd kee Umwelt mit verschmutzt.

Gäb’s heit noch Brunne - hell un klar,
so wie des früher als mol war,
die gutes Pälzer Wasser g’schpendt,
des mer getrunke - aus de Händ,
im beschte Fall mimm Schoppeblech
un Buwe - die besonders frech,
henn häämlich unne raus gelacht
un als die Mädscher naß gemacht.
En Beitel Dreck - ich will net hetze,
könnscht mit de hohle Hand ersetze,
die werd reseikelt an de Hosse,
des Trinksyschtem hättscht müsse losse.

Doch loßt mer sowas nimmie gelte,
derfscht uff de Abfall ach net schelte.
Mer müßthalt efach ach mol wolle
un hätt halt manches losse solle.

Fortschritt

Im Paradies war ‘s jo bequem,
do hängt graad alles uff de Bääm,
an g’sunde Früchte – reife – rote,
bloos eh Sort Äppel war verbote.
Doch e Verbot is schnell vergesse,
graad vun dem Baam duht mer was esse,
de liewe Gott – der kummt in Raasch,
un kreischt: „Ab – naus mit eich Bagasch!
Des was ehr machen – des war g’sündicht,
zum nägschte Erschte is gekündicht,
ich wer eich korzerhand vertreiwe,
dann könn’ner gugge wu ehr bleiwe!“

Der Umzug – na der ging noch glatt,
viel Zeigs henn ‘s Adams jo net g‘hatt,
wie ‘s heit noch is – wann vun de Herre,
die arme Leit vertriwwe werre.
Egal – ‘s Herr Adams waren draus
un dort – do sieht ‘s jo schrecklich aus.
Vun wegen Bääm – die henken voll.
Mer wääß net was mer esse soll,
Die Eva – die an allem Schuld,
die segt: „Jetzt norre mol Geduld,
ich werr mol in en Kochkurs gehe,
donooch – do werr’n mer weiter sehe!“
Doch ach kenn Kochkurs – weit un breit,
‘s gab net mol Feier in der Zeit,

so dasses Rohkoscht – heit beliebt,
net blos for Vegetarier gibt,
Zum weiterlewe – irgendwie,
frisst mer jetzt Gras – wie heit die Küh',
vun a'mache war ach kee Redd,
dann Öl un Essich gab 's jo net,
mer hott ganz efach – u'geloche,
Kuhpusche[1] aus de Wisse g'schtoche,
mol meh' – un manchmol net so viel
un nunner dann – mit Schtump un Schtiel.

Paar dausend Johr druff gab's dann Helde,
noch heit bekannt als tapfre Kelte,
die kamen damals in die Palz
un die entdecken was – es Salz.

Jetzt - fei versäwwelt mit em Messer,
schmeckt so en Eierpötsch[1] schunn besser,
Ball hört mer dann – in Indie hinne,
do wär e fei Gewerz zu finnen,
des deht mer in de Palz net kenne
un dehts in Indie Peffer nenne.
Jetzt war mer uff denn Peffer scharf,
schunn ball do deckt ehns denn Bedarf.
Dann –'s kann jo garner annerscht sei,
verschteckelt mol e Fraa de Wei',
damit vielleicht net gar ehr'n Mann,
anschunnschte zu viel saufe kann
un do bassiert's - ganz sicherlich:

[1] westpfälzisch für: Huflattich

der Wei– der krieht en Essichschtich
un wie de Ald denn Wei entdeckt,
do hott der freilich nimmie g'schmeckt,
er schütt en voller Wut dann graad,
in so e Schüssel voll Salat.
Was zwar de Fraa erscht garnet recht,
dann find 'ses awwer ach net schlecht,
des schpricht sich rum – un üwwer Nacht
hott mer Salat so a'gemacht.
Des schmeckt jo werklich ach net üwwel,
allmählich gibt 's dann noch die Zwiwwel,
de Knowwloch derf dann ach net fehle,
mer presst aus Früchte jetzt noch Öle
un enner – wu beschtimmt kenn Depp,
zücht schunn Salat in große Köpp,
en annere – der noch viel g'scheiter,
zücht dann Andiefsche, so geht 's weiter,
Un heit gibt 's so viel gute Sache,
die kammer nimmie selwer mache.
Schunnscht gibscht – for jedem Gartefescht,
de Fraa jo in de Küch de Rescht,
weil die – bis de Salat draus schteht,
sich jo am liebschte henke deht.
Doch 's gibt jo Leit – die niemols ruh'n
un immer was verbessre duhn,
de wahre Fortschritt – ehrlich g'saat,
denn siehscht bereits schunn am Salat!
Denn mer – dass 's Gartefescht gut laaft,
sich heit am beschte fertich kaaft.

Gedanke noch Oschtre

De liewe Oschterhas is doht,
‘s gibt noch im Sondera‘gebot,
de Rescht denn schmeißt mer schließlich naus,
ball kummt er dann – als Nikolaus,
vor Oschtre gab ‘s denn noch in Masse,
do schteht er rum – vor alle Kasse,
ach die Regale waren voll
damit ihn kenns vergesse soll.

Der Has – der wu kee Eier leggt,
der draus im Feld lebt – meischt verschteckt,
denn amme Frühlingsdag – me schööne,
mer immer als hott renne sehne,
im Liewesrausch – zur Häsin hie,
denn sieht mer heit jetzt ach nimmie.
Ich froog mich do oft als mol norre:
warum is der so selte worre?
Aus dem werd doch kenn Nikolaus,
doch ledscht Woch – irgendwu dodraus,
do hoppelt so en liewe Racker,
allee – uf so ‘me große Acker.
Kee Häsin weit un breit drumrum,
so rennt der uff dem Acker rum,
uff so ‘re Folie hie un her.
wie so e Schiff im Weltemeer,
er schlägt dort Hooge – un dann – wuff,
schterzt sich e Habicht uff en druff.

Es war ihm jo kee Heck vergönnt,
damit er sich verschteckle könnt,
awa – des große weite Land,
war bloos mit Folie üwwerschpannt.
Na ja – des is jetzt halt mol so
un ach der Habicht – der war froh,
der hott sein Sunndagsbroote g'hatt,
mer werren am Frühgemüs jo satt,
was mer halt unner Folie zieht.
Was soll 's wammer kenn Has meh sieht!

De schlaue Schäfer

En Schäfer schteht –wie des so is,
uff enner schööne große Wiss,
sei Schafe schtehn imme Rund
un er bewacht 'se – mit seim Hund.

Do kummt – es war so gege drei,
en nowwel feine Herr vorbei,
erscht grüßt er freundlich – awwer dann,
sucht er e G'schpräch – mimmSchäfersmann:
„Mein Herr!" so hört mer en jetzt redde,
„ich hätt' 'nen Vorschlag für 'ne Wette:
und zwar – mein Schäfer – sag ich dir,
wieviel an Schafe sind dies hier.
Und fällt die rechte Zahl mir ein,
soll eins der Schafe mein dann sein!"

Der Schäfersmann duht üwwerlege
un segt dann efach:“Meinetwege!“
Der Herr packt jetzt sein Koffer aus
un holt ‘s Händy – dann de Läptop raus,
er tippt un rechent – kalkuliert,
hott hie un her telefoniert,
„Dreihundertsechzig!“ segt er dann,
„Des schtimmt,“ – segt druff der Schäfersmann,
„die Zahl die schtimmt – so is mei Herd,
so dass eh Schoof jetzt ihne g’hört!“
Der Herr hott sich ens rausg’sucht jetzt
un hinne in sei Auto g’setzt.
Der Schäfer segt: „En Aageblick,
ich geb die Wett emol zurück,
wann ich jetzt nämlich roote kann,
was sie so vun Beruf sinn – Mann
un ich ligg richtig – bitte sehr,
gehört des Schoof dann widder mer!“
Der Herr denkt noch – un mehnt dann glei,
dass so was schunn zu mache sei.

Der Schäfer faßt sich an sein Kopp:
“Vermögensberater is ehrn Tschop!“
Der Herr segt: „Gott was sind Sie schlau,
das stimmt nun wirklich haargenau,
sie tuen ‘s ganz genau bekunden,
wie haben sie’s herausgefunden?“
Der Schäfer segt: „des war net schwer,

sie kamen u'gerufe her
un henn mer bloos e Zahl genennt,
die ich jo vorher schunn gekennt.

Henn mit paar Zahle dann schongliert
un dodefor e Schaf kassiert!
Un ich hab garnix dabei gewunne,
weil Sie die richtig Zahl henn g'funne.

Un ach ehr Auswahl war verkehrt,
Sie henn kee Schoof aus meiner Herd,
sie schperr'n mein Hund im Auto ei:
was können sie do annerscht sei!“

Moderne Moler

En Herr wu schtets erfolgreich war,
dem werd im Alder plötzlich klar:
ich loss – ich könnt jo schunn ball schterwe,
mich jetzt noch mole, for mei Erwe,
henk dann u'schterblich – irgendwie,
in meiner Ahnegalerie.
Er kriegt en Künschtler dann empfohle,
der deht so wunnerschöö em mole,
die ganze Welt deht denn schunn kenne,
mer könnt ihn fascht Picasso nenne.
Mer duht die zwee zusamme bringe,
der Moler duht de Bensel schwinge
un nooch 're annerthalwe Schtunn,

is des Gemälde fertich schunn.
Der Mann geht hie – doch schtatt zu lowe,
do fangt er plötzlich aa zu dowe:
„Desdoo soll ich sei?“ duht er kreische,
„des kann ich doch kemm Deiwel zeiche,
des sinn doch lauter Schtrich bloos – schräge,
henk der ‘s uff ‘s Scheißhaus – meinetwege,
doch schmink der bitte ebbes ab:
dass ich der dofor Geld berapp!“
„Das müssen sie – dies hier ist Kunst,
sie – leider – haben keinen Dunst,
wer was von Kunst versteht – der weiss,
so Werke haben ihren Preis,
drum krieg ich für mein Künstlertun,
von ihnen tausend Euro nun.
Sie passen halt nicht in die Zeit,
dies Bild hat höchste Ähnlichkeit,
sie müssen – um dies zu verstehen,
es mal mit meinen Augen sehen!“
„Genehmigt!“ segt der Herr dodruff
un macht de Portmanee dann uff,
entnimmt em en Zeh-Euroschei:
“Do nemmen!“ segt er, „der is dei.“
De Moler guggt dodruff ganz err:
„Zehn Euro sind dies nur – mein Herr!“
„Nee!“ segt der Herr, „des sinn kee Zeh’,
des muscht mit meine Aage seh’

un guggscht aus meine Aage raus,
sieht der wie dausend Euro aus.
Vun deine Aage aus betracht,
hoscht du e schöönes Bild gemacht,
guggscht jetzt uff 's Geld mit meine Aage,
dann kannscht dich sicher net beklage.
Des macht halt mol de Unnerschied,
mit was for Aage mer was sieht!"

Nochberschaftsrücksicht

In Frankreich kriegscht kenn deitsche Wei,
des is wohl sicher niemand nei,
in punkto Wei geht zum Franzos,
schunn immer bloos e Einbahnschtrooß.
Obwohl de unser – ganz gewiß,
zumindescht Weißwei – besser is.
Ich will net patriotisch werre,
doch sag ich eich – ehr Dame – Herre,
mer muß sich doch als Deitscher schämme,
em Nochber ebbes weg zu nemme,
des der gern selwer trinke möcht.
Mol ehrlich – hab ich do net recht?

Un die Franzose – zweifelsfrei,
die trinken bloos ehrn eigne Wei.
Drum werd's wohl de Franzose schtinke,
wann meer ehr'n gute Wei als trinke.

Darum de Sinn vun meine Redd,
gell – trinkt französische mer net,
dann irgendwann – mer muss verschteh',
do henn die schließlich garnix meh,
die werren sicher dabbisch gugge,
wann plötzlich dort die Fässer trucke,
drum – jo kenn Wei vun dort beziehe,
so lang die dort kenn Pälzer kriehe,
weil de Napoleon mol befohle:
er dürft kenn Wei in Deitschland hole!

Gottes Wille

Im alde Schloss – fascht schunn Ruin,
do wohnt de Graf von Balduin.
Der war – wie mer so vornehm sagt,
ein ält're Herr - schon hoch betagt.
Sei Haus un er – kenn's sehr gepflegt,
e Dreckwutz – wie de Pälzer segt.
Voll Schpinnewewe war des Haus,
doch ihm – ihm macht des garnix aus.

Er hott sich do nix draus gemacht,
dann kam e kaltie Winternacht,
kenn's hot sich in dees Haus verlore,
so is er leis un schtill verfrore.
Un doch – trotz sein're Einsamkeit,
do find mer 'n halt noch enner Zeit,

verbreit bereits en klenne Duft
un kummt in die Familiegruft.
Zu erwe war do jetzt net viel,
des alde Schloss – längscht inschtabil,
es hott sich niemand drum gerisse,
vum Erwe wollt do kenns was wisse.

Mer loßt die Budik drum in Ruh,
macht Fenschtere un Deere zu,
so isses weiter jetzt vergammelt,
die Schpinne – die dodrinn versammelt,
die fressen jetzt so druff un druff,
die Mücke – die noch drinn war'n uff.
Doch durch die zuene Fenschterscheiwe,
muß Mickenoochschub drausse bleiwe
un wie des geht in so 'me Fall,
ball waren die, wu drinn war'n all,
so dass noch enner korze Zeit,
e jedie Schpinn jetzt Hunger leid.
Im allgemeine Weheklage,
duht dann eh Schpinn uff emol sage:
„ich schlag mol vor, solang 's noch geht,
dass jeder jetzt zum Herrgott bet,
so wie 's jo ach die Mensche mache!“
E paar – die fangen aa zu lache:
„Wie sollen mer dann Micke krieh,
uns hilft de Herrgott ach nimmie!“
Doch weil de Hunger furchtbar drückt,
werd e Gebet zum Himmel g'schickt.

Do beten ‘se in ehre Not:
„Herr – gib uns unser täglich Brot!“
Dags druff laaft mol en Buu vorbei
un schmeißt paar Fenschterscheiwe ei,
Die Micke drausse nützens aus
un schwirren schareweis in ‘s Haus,
die Schpinne werren widder satt,
e jedie hott ehr Futter g’hatt
un beten jetzt aus Dankbarkeit,
weil mer ‘se aus de Not befreit.
Doch e Moral is ach debei,
schmeißt mol en Buu e Fenschter ei,
wer will dann wisse – wann er ‘s sieht,
ob ‘s net im Sinn vum Herrgott g‘schieht?
Un sicher denken jetzt die Micke:
„Denn Buu, denn duht de Deiwwel schicke,
meer waren sicher vor de Schpinne,
meer waren drausse – die war’n inne,
solang die ganze Fenschter zu.
Warum kummt bloos der böse Buu!“
Warum? Ja – dodraa kammer sehe,
oft kannscht de Herrgott net verschtehe,
weil – will er mol dem ehne gut,
‘s vielleicht de anner büße duht.

Un wie des Beischpiel klar bezeugt:
‘s Bescht, wammer sich seim Wille beugt.
Un froogt halt efach net so viel,
dann schließlich kennt mer net sei Ziel!

Fusionsg’fahr

En Fuchs – wie jeder Fuchs halt – schlau,
der hockt fascht zornich vor seim Bau
dann newedraa henn üwwer Nacht,
sich die Karnickel bräät gemacht.
Die in dem Bau – dort innedrinn,
vor ‘m Fuchs – ehrm Dohtfeind, sicher sinn.

De Fuchs geht nüwwer an des Loch,
vum Nochberbau, er wääß jedoch,
des is in Umfang un in Läng,
for neizukumme viel zu eng.

So redd er mimm Karnikel dann,
wie mer halt redd – als Nochbersmann,
so vun de Zeite – vun de schwere,
wie schlimm ‘s is – heit sich zu ernähre,
korzum – die G’schäfte gingen schlecht
un des Karnickel gibt ihm recht.

Gut wär ‘s – mehnt dann de Fuchs am End,
wammer mol fusioniere könnt,
mer zwee wär’n ‘s ideale Paar,
ergänzen uns doch wunnerbar,
meer machen uns kee Konkurenz,
ich freß kenn Klee – un du kee Gäns,
was Bess’res kann doch net bassiere,
als wann jetzt meer zwee fusioniere.

‘s Karnickel – inne in seim Bau,
des üwwerleggt sich’s mol genau
un denkt – mer wär schunn gut berate,
en schtarker Partner is kenn Schade,
do hott mer ausg’sorgt – üwwer Nacht
un is defor – dass mer ‘s so macht.
‘s werd unnerschriwwe – des is klar,
im Fuchsbau – weil der größer war.

De Fuchs der nimmt dann des Karnickel,
mit seine scharfe Zäh am Wickel,
er schüttelt’s – un dann werd ‘s verschpeist,
was widder einwandfrei beweist,
das bei Fusione irgend wann,
mer ganz schnell g’fresse werre kann.

Des wär der Dääl mit de neie Gedichte, all uff Pälzisch. Doch net alle Leit können jo Pälzisch. Un wann so jemand des Buch in die Händ krieht, sei ‘s weil ‘s em enner schenkt, oder er ‘s selwer kaaft hott, do soll er e klennie Gegeleischtung hawwe. Drum sinn jetzt noch e paar Gedichte in Schriftdeitsch abgedruckt, dass sich kenner beklage kann.

Erklärung

Der Mensch – als Nachfahr eines Affen,
den hat man einst als blöd erschaffen
entwickelt sich dann langsam weiter,
doch wurd’ im Wesen kaum gescheiter.

Verlor zwar im Verlauf der Jahre,
den größten Teil der Körperhaare,
er lernte rechnen – schreiben –lesen,
doch blieb er, was er stets gewesen,
ein Wirbeltier der Säugerklasse,
mit leichter Abart in der Rasse.
Zwar wohnt er nicht mehr im Geäst,
erbaut aus Steinen sich ein Nest,
bekleidet sich – sobald ihm kalt,
eins aber leider bleibt er halt,
auch wenn er noch so bunt beklcidet,
der Affe – der Gesichter schneidet.
Ich denke, so was macht letztendlich,
so manches allgemein verständlich.
Denn was ein Mensch so manchmal tut,
bestimmt sein Ahnenaffenblut!

Der Hohepriester

Es muss – nach seines Schöpfers Willen,
der Mensch sich seinen Hunger stillen,
tut er es nicht, wird er verderben
und irgendwann ganz kläglich sterben.
Dabei jedoch sei nicht vergessen,
man muss auch trinken – nicht nur essen,
weshalb ja auch zur Essenszeit,
bereits der kleinste Säugling schreit.

Selbst bei dem Säugling – noch gewickelt,
sind feine Nerven schon entwickelt,
die ihm – aus Flaschen oder Tassen,
dann seine Speise schmecken lassen.

Entwickelt sich ‘s Geschmackssystem,
dann mit der Zeit und je nach dem,
zu einem oft sehr hohen Stand,
wird ‚Feinschmecker‘ man dann genannt.

Damit wir auch die Nervenzellen,
so ab und zu zufrieden stellen,
hat Gott den Spitzenkoch erschaffen,
damit der Nachkomme eines Affen,
sich mindestens so dann und wann,
auch mal als Mensch beweisen kann.
So dass nun sicher keins bestreitet,
wer gutes Essen zubereitet,
nicht nur den Hunger mit zu stillen,
erfüllt dabei jetzt Gottes Willen.
Ein Hohepriester – sozusagen,
sowohl für Seele wie für Magen.
Mit dem – der – der im Himmel thront,
die braven Menschen dann belohnt.

Wobei – man kann auch welche kennen,
die sind schon Päpste fast zu nennen
die an Altären zelebrieren,
die hier zur Seligkeit schon führen,

kurzum – die lassen hier auf Erden,
bereits die Menschen selig werden.
Ein Spitzenkoch – zur rechten Zeit,
bereitet eben Seligkeit.
Ist folglich also gottgesandt,
was man ansonst vom Geistlichstand,
wahrhaftig da von jederman,
nicht unbedingt behaupten kann!

Einsicht

Blickt man zurück – nach siebzig Jahren,
da hat man allerhand erfahren,
hat viel gelernt – doch leider –leider,
man ist noch immer kaum gescheiter.
Wär nochmals siebzig man auf Erden,
wird man 's vermutlich auch nicht werden.
Drum wird kein Mensch auch hundertvierzig.
Wer dies bestreitet Leute – irrt sich!

Beharrlichkeit

Wer morgens – mittags – abends spät,
mit den Gedanken in sich geht
und denkt – was er der Welt der guten,
bereit ist, täglich zuzumuten,
der kommt wohl sicher zum Entschluß,
das er sich gründlich schämen muß.

Dies tut er auch – minutenlang,
es wird ihm oft dabei auch bang,
er weiss – wenn alles überdacht,
dass Änderung wohl angebracht,
doch wird er dann – so ist es eben,
genau wie vorher weiterleben!

So etwas nennt zu aller Zeit,
man einfach nur – Beharrlichkeit!

*   *   *

Sodele, bis doher hab ich mich a'g'schtrengt un lauter neie Gedichte verfasst. Ab jetzt mach ich mer's efacher. Do sinn awer die Leit schuld wu immer noch denne alde Gedichte frogen, selle, welle wu in Bücher schtehen, die wu's nimmie gibt. Un so Klassiker kummen jetzt, die sinn dohinne abgedruckt. Net bös sei, awer mei Fraa hott ach gemehnt, ich soll's so mache.

‘s Museum

Am vorledschte Samschdach, wie ‘s so nass war un kalt.
do segt mei lieb Frääle, uff deitsch g ‘saat, mei Ald,
„Hobb Männel was hockscht do, bei Zeidung un Wei,
mach Ordnung im Schpeicher, dess muss emol sei.“
Do hilft mer kee motze, kee maule un schelte,
wann die Fraa ebbes seegt, do hot,s ach zu gelte,
ich schlubb in mei Schlabbe, ich aldes Kanuff,
hau ab Richdung Schpeicher un raam emol uff.
Doch mei Fraa hot ach recht, dann bei uns unnerm Dach,
schteht bloss unnedich Zeich rumm, kabuttenes Sach.
Drumm schnapp, ich mer Kischte un Kaschte un Körb‘
un naus mit dem Krembel, wu ald is un merb.
Betrachten denn Schrank do, voll Schdaab un voll Dreck,
mit wormiche Löcher, der g ‘heert doch do weg,
denn krieht jetzt de Schperrmüll, am Dunnerschdach frieh,
dann ab mit ins Schuttloch, do g’heert er ach hie.

Denn raam ich jetzt aus un dann haag ich en zamme,
do fallt mer e Bild raus - mol doo, unser Mamme!
Mei Mudder als Mädche, mit ‘me Hut voller Blumme,
wie is blos dess Bild in den Schrank do mol kumme?
Ei, was finn ich dann do, na jetzt is was los,
meim Grünschtadter Unkel sei Schnuppduwakksdos’!
Des glaabt mer jo keens un doch is es wohr,
die sucht die Verwandtschaft schunn siwwezich Johr.
Die schtammt, wann ich recht wees, vum chinane Land,
der war als Soldat dort, beim Boxeruffschtand.

Was liegt dann do newe, mìt re silwerne Kett?
De Tante Adele ehr aldes Lorchnett! -
Jetzt du ich mol suche un was ich do finn,
verwachsene Klääder, vun all unsre Kinn'!
E Eisebahnwächel, e Lok un e Schien'
un dann vun de Oma die ald Pelerin'.
Em Oba sein Batschkapp, sein Gogs un sei Hüt ',
's fehlt bloos de Zylinder: wer hot dann den krieht?

E Päggel Babiergeld duh weiter ich finne,
do newwe e zwettes un noch enns ganz hinne,
des duh ich betrachte, Milljone Billjone,
ich duh jetzt nix saache, ich will eich verschone.
Jetzt such ich halt weider, in Schrank un Kommod'
schun widder e Bild, vun de Kuseler Good!
Die war der gemuschtert, vun owwe bis unne,
wenn wunnerts, dass die so kenn Mann hot gefunne?

En Schteigbrief vum Nodär, vum vorche Johrhunnert,
noch prima erhalde, des hot mich gewunnert.
E goldenes Herzel, an goldener Kett,
„In ewicher Treue, vun Deiner Babett".
Oh Jesses die Bawett, jetzt fallt se mer ei,
wu werd die heit wohne – wie ald werd die sei?
So such ich als weiter, in Truhe un Schränk,
finn Bilder vum Hitler, do kriehscht doch die Kränk,
vum Kaiser, vum Könich, vum Bismarck, vum Pabscht,
die henn sich vertrache un wann'd mers net
glaabscht.

En Helm noch, aus Ledder, mit owwe ‘re Schpitz,
vum Vadder seim Bruder, ich glaab ‘s war de Fritz.
Der is verzeh schun g‘falle, in Metz oder wu,
do war der erscht achtzeh, des war noch en Bu.
Do liegt noch e Poschtkaard, ach Gott is die schee,
en Gruss aus Chiggago, die Welt is doch klee,
die is vun dem Unkel, do werscht doch verrickt,
der wu noch ‘em Krieg als die Päckelcher g‘schickt.
So raam ich un graam ich, bis schbeet in die Nacht,
do kummt dann mei Fraa ruff: „Hoscht Ordnung gemacht?
O Jesses, du Simpel, des is doch net wohr,
des is jo noch schlimmer wie jemols defor!“
„Jo“, sag ich, „kumm, Aldi, un reg` dich net uff,
was widd mit dem Schpeicher, do kummt doch kenns nuff?
Loss Kischte un Kaschte, Komode un Schränk,
Matraze un Sofa un Bilder un Bänk.
Gewiß es is Krembel, is Kruuscht un is Dreck,
doch is noch vun frieher, mer schmeissen ‘s net weg.
Mer henn dodefor, gell Fraa ‘s is kenn Witz,
e eigenes Museum - Familiebesitz!”

De neie Kaplan

Do hemmer – wie des früher noch g'schieht,
emol e nei Kaplänche krieht.
De Herr Kaplan – so wie 's sich g'höört,
der macht dann mol sei Runde,
b'sucht Sunndags, wu 's am wenigscht schtöört,
sei neie Kerchekunde.
De Winzer Gerhard – voller Schtolz
der führt ihn in de Keller,
mit Fässer – schöö – aus Eicheholz,
voll Riesling – klorer – heller.
Er nimmt sich 's Schlaichel jetzt – un 's Glas
un duht seim Gascht mol winke:
"Do – duen 'se mol nei – die Nas,
des Weische kammer trinke".
De Herr Kaplan – der nimmt en Schluck:
„Dies Weinchen kann man loben,
oh ja – beim heiligen Nepomuk,
den schenkt uns der da oben".

Na – hott der Winzer jetzt gedenkt,
's müsst 's en Schtudierter wisse,
aa so was kriegt mer doch net g'schenkt,
ich hab schunn schaffe müsse.
Doch segt er nix – geht mit ihm fort,
hüllt alsfort sich in Schweige,
um em Kaplan – glei hinnerm Ort,
sei Wingert jetzt zu zeige.

Die schtehen do – des war e Pracht,
mit schöne Blätter – g'sunde,
es hott em richtig a'gelacht,
voll Trauwe – Beere – runde.

„Is des kenn Grund – voll Schtolz zu sei“,
duht jetzt de Gerhard mehne,
„der Wingert gibt en gute Wei,
des werr'n 'se selwer sehne“.

„Ein guter Wein“ – segt de Kaplan,
„sie sollten stets dran denken,
wird immerfort – und immeran,
nur er da oben schenken“.
Jetzt war der Winzer doch verschtimmt,
denkt an die viele Schtunne,
die er – was der als G'schenk jetzt nimmt,
sich hott im Wingert g'schunne.

Sie gehen weiter im Gewann,
do sehnen 'se en Placke,
in dem scheint's nie en Wingertsmann,
mol drinn war – for zu hacke.
Franzoseschtengel – meterlang,
des Laab war wie venerisch,
wie 's geht – bei Winzermüßiggang,
die Trauwe – ledderbeerich,
der war vielleicht net emol g'schpritzt,
kenn Mensch meh drinn – seit Woche,
net gege Worm – Pernoschpra g'schützt,

die Schtiwwel – abgebroche.
„Oh je“ – hott de Kaplan jetzt g’saat,
„was soll denn diese Schande,
der Weinberg ist bestimmt kein Staat,
in diesem schönen Lande.
Nein – solch ein Weinberg soll nicht sein,
das ist ja mehr als kläglich,
hier wächst bestimmt kein guter Wein,
wie ist denn sowas möglich?“
Der Winzer hott e bisssel g’huscht,
dann segt er – fescht entschlosse:
“so werd ‘s – wann denn do owwe duhscht,
allee gewähre losse!“

De Umzug

Wer fleißich schafft – un schpare duht,
der kriegt e Haus – un des is gut,
zwar knawwert er dann Johre draa,
doch irgendwann – do fangt er aa,
so schpar ach ich – uff Johre anne
un irgendwann hott ‘s Haisel g‘schtanne.

Vun wege Haisel – Peifedeckel,
fei ausgeplant in ‘s hinnerscht Eckel,
kenn Meter u’nütz – nix is hohl,
ein Bungalov – mit Schwimmingpool,
doch will ich jetzt emol erkläre,
was bei ‘me Umzug – ehr werr‘n höre,

Probleme kummen – Jesses Mann,
an die mer garnet denke kann.
So ‘n Bungalov, der is jo flach
un der hott owwedruff kee Dach,
des wär modern –hott mer verzählt,
doch dass em jetzt de Schpeicher fehlt,
do hott mer mich – na wie beschisse,
nadierlich net druffhiegewisse.
Jetzt schtehn mer do – ehr werren lache,
mimm vollgepackte Möwelwache,
doch in dem Haus – des jo net klee,
duht alles schunn voll Möwel schteh.
A nạ – des wären jo ach G’schichte,
e neies Haus net eizurichte.
Die Küch is automatisiert,
modern – elektriefizeriert
un unsern Gasherd – Mensch sei helle,
denn könnt mer do nei garnet schtelle.
Wuhie demit – jetzt nor’ kee Raasch,
denn schtellen naus – in die Garasch.

De alde Kücheschrank – ohei,
der is net ald – der is fascht nei,
denn tragen in de Keller – sachte,
dann hemmer Platz for ‘s Eigemachte.
Im Keller awer – himmeldunner,
do bringen mer denn Kerl net unner.
Dohiwwe is die Kellerbar,
die brauchen mer – des is jo klar,

de Hobbyraum der is doüwwe,
es is nix anneres üwwrich bliwwe:
De Schrank reduur – Mensch bassen uff
un tragen en halt widder nuff.

So duht sich langsam – ruhich un schtille,
jetzt die Garasch mit Möwel fülle.
Beschtännich laden die was aus,
marschieren erscht emol in ‘s Haus,
drinn is kenn Platz – ‘s is fascht zum Greine,
schunn duhn ‘se widder draus erscheine.
Die ald Öfe, Allesbrenner,
die fortzuschmeisse wagt doch kenner.
Un dann – es wär doch werklich schad,
vum alde Bett – Matratz un Lad,
die Vorhangschtange, ‘s Kinnerbett,
net dass mer ‘s nochmol nötich hätt,
awa – ehr Leit – des soll net sei,
doch schunnscht – des Bett is fascht wie nei.

De Hackklotz – Sägbock un die Säg,
des war zu Lebdag net im Weg,
des war im ald Haus – wie ‘s sich g‘hóórt,
im Schopp – un hott kenn Deiwel g’schtöört.
De Schuppkarch, ‘s is doch net zum Lache,
die Wäschbrenk un die annre Sache,
wie Eikochhawwe un so Dinge,
die wääß mer nirgends a’zubringe.

Die Möwel vun de Tante Gretel,
de Regulator vun de Göödel
Puhlschöper, Hacke, Reche, Schpate,
des brauchscht doch alles for de Garte.
Die Schie, de Schlitte, ‘s Drimmdichrad,
die Eirichtung vum alde Bad,
Tomatehorde, Blummeschale,
de Nachtschtuhl vun de Oma Male.
En ganze Berg Dabeterolle
un ausserdem die Dahlieknolle,
wuhie demit – a ‘s is doch wohr,
wu issen do noch Platz defor.
En Bungalow mit Schwimmingpuul,
mit Sauna un Massascheschtuhl,
Solarium un Kellerbar,
doch ebbes is doch sonderbar.
Die Wohnfläch, so was braucht heit jeder,
sinn im Quadrat dreihunnert Meter,
doch Platz – for ebbes uffzuhewe,
des schließlich nochmol brauchscht im Lewe,
denn hott mer net, des sag ich laut
un wann e ganz Millijon verbaut.

Scheiss Schwimmingpuul un Saunaloch,
en Schopp, en Schpeicher braucht mer doch,
dann wär e Haisel erscht perfekt,
so g’scheit is bloos kenn Architekt!

Die zwee Arte was zu sage

Wann beischpielsweis mol owends schpät,
e Auto vor deim Hofdoor schteht
un du willscht noch e bissel naus
un kannscht jetzt weg' dem Kerl net raus,
do hilft der nix – bei allem Schade,
do muscht zuallererscht mol waarte.
Do endlich – noch 're Schtunn bis zwee,
siehscht jemand zu dem Auto geh'
un jetzt – jetzt loscht dich nimmie schtööre,
dem Mann dein Schtandpunkt zu erkläre.
Doch kannscht – for dem was zu verzähle,
verschied'ne Ausdrucksforme wähle:
„mein Herr – sie haben unbedacht,
mir meine Einfahrt zugemacht
und haben dadurch – was nicht schön,
verhindert, dass ich weg konnt geh'n
und haben so – dies sei gerügt,
der Wirtschaft Schaden zugefügt.
Ich möchte nun zusammenfassen:
tun Sie dies künftig unterlassen."

Doch kammer ach – des zeig ich do,
des annerscht sage – nämlich so:
„du Lällebäbbel – kumm mol rei,
ja was fallt dann bloos deer Simbel ei,
mit deiner Schrottschääß – der vergammelt,
die hoscht der scheint's beim Schperrmüll g'sammelt?

Do for meim Hofdor graad zu halte,
mit deere Schüssel – deere alde,
ich hock dehääm un kann net fort,
kumm – halt dei Gosch – redd jo kee Wort.
Mei Schtammdischbrüder müssen waarte,
wee so ‘me Dormel – so ‘me faade.
Noch emol Kerl – dann helf der Gott,
hau ab du Arsch – mitt samt deim Schrott.
Dein Führerschei – des wär e Glück,
denn schickscht em Neckermann zurück.
Loss künftig dich do nimmie blicke,
schunnscht lernscht noch Kannelwasser schlicke.
Noch emol schtell dich hie – so dumm,
do dreh ich der de Krutze rum!”

Wie g’saat – ‘s duen beide Arte gehe,
doch wellie nimmscht muscht selwer sehe,
doch is for Kreislauf un Gemüt,
die zwett Art besser – wie mer sieht,
do bilden sich kee Aggressione,
des duht em Herz un Mage schone
un weil meer g’sundbewußte Leit,
is halt die zwett Art meh verbreit!

Die Eindagsflieg

Henn ehr eich schunn emol bedenkt,
was deere for e Lewe g'schenkt?
Dass die bloos ehn Dag des Vergnieche,
uff dere Welt do rumm zu flieche?

Am Morje duht 'se sich entpuppe
un aus ehr'm dunkle Kokon schluppe,
entfalt sich jetzt - un fühlt sich wohl,
so gege sechse - sag ich mol.
Sie blinzelt in die Morjeschtunn
un wann 'se Glück hott - scheint die Sunn.
Ehn Regedag jedoch - ehr Leit,
verhunzt ehr ganzie Lewenszeit.
Doch wollen mer jetzt efach hoffe,
es scheint die Sunn - de Dag schteht offe.
Sie is jetzt also nei gebore,
putzt sich die Fliechel - Nas un Ohre,
lernt richtig sitze - richtig schtehe,
schunn hääßt's zum Kinnergaarte gehe.
Un noch 're ehdreivertel Schtunn,
do musse uff die Schulbank schunn,
muß lerne dass 'se was kapiert,
noch drei Schtunn werd se konfirmiert,
duht dann e gutie Schtunn schtudiere
un zwischenei als demonschtriere,
so dass se - wann's uff zwölfe geht,
allmählich vor'm Exame schteht.

Kriegt gute - oder schlechte Note
un hott ehr Schturm - un Drangperiode.
Jetzt sucht ‘se sich en Arweitsplatz
un newebei for’s Herz en Schatz,
sowohl als Weibche - wie als Mann
sie heierat - krieht Kinner dann,
um ‘se bis viere großzuzieh‘
un schunn geht’s uff die Rente hie.

Am sechse werd ‘se pensioniert
un jetzt e schlaues Lewe g’führt
un des e Schtunn vielleicht - wann’s gut,
weil ‘se schunn ‘s Alder schpüre duht.
Ab siewwe losst se sich dann henke,
hott’s in de Flüchel un Gelenke,
fangt aa zu klache un zu krexe
un denkt als: wär’s doch bloos erscht sechse.
Doch isses halt schunn halwer achte,
sie duht nochmol zurück betrachte
un denkt beschaulich un zufriede:
mer war e langie Zeit beschiede,
e schöönes Lewe - voller Sunn
un des jetzt beinoh verzeh Schtunn.
Jetzt isses rum - mei Zeit is all,
ich hoff ich wer kenn Pflegefall.

Sie schtirbt - un krieht die ewig Ruh,
mer brauchen achtzich Johr dezu.

Un henn in jedem Fall debei,
net 's ganze Lewe Sunneschei.

Un nimmt mer's jetzt mol ganz genaa,
gelebt hot die jo schließlich aa
un in de Zeit vun hinnenoht,
die Ewichkeit - in der mer doht,
do duht bei dere Zeit - der viele,
de Unnerschied kee Roll meh schpiele.
Drum duen sich - des derf mer sage,
ach Eintagsfliege net beklage.

Fusion

Do hot - die Sauschtalldeer war offe,
e Hinkel mol e Sau getroffe
un bleibt e bissel bei're schtehe,
zu froge - wie die G'schäfte gehe.
„Na ja!“ so hört die Sau mer klage
„die Wirtschaftslag - was soll ich sage,
de Leit is alles heit zu fett.
's wär gut - wammer was Neies hätt!“
„Ja ja!“ gibts Hinkel druff zurück,
„ach ich leg Eier - Schtück um Schtück,
die sinn de Leit dann noch zu deier.
Mer braicht was ann'res mol - wie Eier!“
„Ja,“ mehnt die Sau druff, „'s macht kenn Schpaß.
Mer braicht was Neies - awwer was?
Mer müßt sich efach arangiere,
un müßt mit jemand fusioniere.

Gemeinsam müßt jo dann gelinge,
was Neies uff de Markt zu bringe!"
„Wääscht was?" segt dodruff 's Hinkel glei
„wääscht was? Do fallt mer ebbes ei.
Mer fusionieren - frei vum Fleck,
ich liwwer Eier - du de Schpeck
un's fertich Rührei werd verkaaft.
Du werscht mol sehne - wie des laaft!"
Die Sau - begeischtert - hot gelacht,
„die Sach is gut! So werd's gemacht.
Mer unnerschreiwen de Vertrag."
So henn se des ach glei gemacht,
es Hinkel geht - doch dann werd's Nacht.
Die Sau - sie wälzt sich in ehr'm Schtroh
un is halt doch net richtig froh.
„Mensch", denkt die Sau, „geb ich de Schpeck,
dann schlacht mer mich - un ich bin weg.
Des Hinkel macht dann de Profit.
Awwa - des mach ich doch net mit"!
Wie's Hinkel kummt - am nägschte Dag,
do pocht des dann uff sein Vertrag.
„Nee" greint die Sau in ehrer Not,
„in dem Fall bin doch dann doht!"
„Du liewer Gott" segt's Hinkel do,
„des is halt bei Fusione so!"

Die kranke Fraue

Mer fallt was uff - des wie sich scheint,
mol net so recht zusammereimt.
‘s gibt recht viel Leit - un des is schöö,
die werren siebzich - oder meh,
doch des Verhältnis - Fraue - Männer,
des werd mimm Alder immer klenner.
Betracht ich beischpielsweis’ mol heit,
‘s Verhältnis bei de äldre Leit,
do kann ich gugge - üwwerall,
die Fraue henn die Üwwerzahl,
die Männer wu dezu duhn g’hööre,
wann’d donoch frogscht, do kannscht bloos hööre:
„Mein Mann? Was frochen se denoht,
mein Mann der is schun Johre doht.“

Doch kumm ich ach vun Zeit zu Zeit,
zusamme als mit junge Leit
un dort - des is was mich so schtöört,
dort is Verhältnis umgekehrt.
Die Männer sinn ‘s - die dort am Enn,
die absolute Mehrheit henn.
Un willscht dort von de Männer hööre,
wu eigentlich ihr Fraue wääre,
do kummt als Antwort durch die Bank:
„Wu is mei Fraa? Mei Fraa is krank.
Mei Fraa die krext - mei Fraa duht klache,
die is malaad“ - des höört mer sache.

Die Männer - die sinn dick un rund,
seh'n blendend aus – korz, sinn halt g'sund.
Doch üwwer siebzich - kriegscht die Groh,
do sinn die meischte nimmie doo.
Ehr kranke Fraue - froh un heiter,
die krexen uff die neunzich weiter,
sinn weiter krank - un net bescheide,
henn jedie Woch e neies Leide.
Beim Gang zum Dokter - jeden Daach,
do geh'n se weiter - wann ich saach
un gießen fleißich - mit de Kann,
es Grab vun ehr'm verschtorwne Mann.
Der zwar zu Lebdach net gekrext,
mit sechzich awwer - wie verhext,
urplötzlich - quasi üwwer Nacht,
die Hack, uff emol rausgemacht.

Sei Fraa jedoch - die arm - die krank,
werd hunnert Johr alt - Gott sei Dank.
Klacht stännich üwwer Atemnot
un rechent däglich mit em Doht,
klacht üwwer Asthma – üwwer's Wetter
is dobei zääh wie Juchteledder,
ehr Krankheit gibt bloos mittwochs Ruh,
eijo - do hot de Dokter zu.
Drumm was ach is - enns sehn ich klaa,
nix is so g'sund wie e krankie Fraa!

Blooskapelle

Zu de Palz - vun vornerei,
g'hört emol de Pälzer Wei,
lautes redde mit de Leit,
ausserdem Gemütlichkeit
junge Schtädt - un alde Haiser,
alde Burge - dohte Kaiser
alles an de richtich Schtell
doch e Pälzer Blooskapell,
wu noch echtie Musik macht,
ennie - dasses bloß so kracht
jeder Ton - ob Moll ob Dur,
alles echt - un noch Natur,
ob im Freie - ob im Saal,
Gott sei Dank - gibt's üwwerall.
Humtaraa - un Täteräa:
Bloosmusik is efach schöö.
Dobei isses ach net wichtich,
ob do jeder Ton ach richtich,
bloost de eh emol denewe,
Gott es is halt 'live' - is Lewe.
Klarinette - Hörner - Flöte,
Saxophone un Trumpete,
de Posaun ehr'n helle Ton
un nadierlich Bumbardon,
mit seim Huppdadagebrummel,
dann es Schlagzeig - mit de Trummel,

all des zamme - Schtück um Schtück,
des gibt dann die Bloosmusik.
Doch damit de Takt ach richtich,
sinn nadierlich Prowe wichtich,
dann ‘s gibt Schtärke - alle Sorte,
vun piano - nuff bis forte,
ach die Tonart muß jo schteh’,
dann ob C-Dur oder G,
des is längscht noch net egal,
ach beim Tempo hoscht die Wahl,
do gibt’s Largo - gibt’s Andante,
alle Sorte Variante
un des alles klingt bloss gut,
wammer schtännich prowe duht.
Drum - wer mitmacht muss gelowe,
emol wöchentlich zu prowe.
A’fangs is die Prob’ gemütlich,
jeder gibt sich Müh - is friedlich,
jeder guggt em Dirigent,
uff de Taktschtock - uff die Händ,
doch so langsam mit de Zeit.
merkt mer halt die Müdigkeit,
schunn schpielt enner F schtatts C,
oder losst de Eisatz schteh.
Bloost noch - wann’s schunn lang vorbei,
oder setzt erscht garnet ei.
Bauff - de Dirigent duht schelte:
“Liewer Gott - was sinn ehr Helde,
halten endlich mol de Ton!”

Schunn kreischt der am Saxophon:
„Ich schpiel richtich - merk der des,
sag's dem annre Schotebless,
sag's emol em Bariton,
der hott schtännich falsche Ton!"
Schunn gibt der sein Senf dezu:
"Ich schpiel richtig – awwer du,
schtännich blooscht Fortissimo,
halt dich an dei Note droo,
awwer ja" so duht er enne
„Note lese müßt mer könne!"

„Ruh!" kreischt enner, „ehr Krakehler,
jeder macht emol en Fehler,
nemmen Luft - un üwwen weiter,
gebt eich Müh - des is doch g'scheiter!"
„Du hoscht's nötich was zu sache
Presto schpielscht - als deht 's dich jage,
wu Andante an de Reih.
Musikalisch müßt mer sei!"
Vorne reißt em die Geduld,
„Ruh!" er kloppt an's Notepult
„lossen eier dumme Schprich.
dirigiere duh do ich!"

Doch 's duht weiter räsoniere:
„Sowas nennscht du dirigiere
ich an deiner Schtell wär schtill,
's schpielt doch jeder wie er will!"

„Halten's Maul“ - kreischt der mimm Bass
„duhn mer üwwe - oder was?
Lossen eier Buwereie,
auf ehr Männer - uff en neie.“

Widder geht de Taktstock nuff.
Nochemol basst jeder uff,
doch vielleicht noch zeh Sekunde,
is die Harmonie verschwunde,
vun 're Einheit is kee Schpur,
jeder in 're annre Dur,
der zu schpät un der zu früh,
jeder schpielt halt vor sich hie.

Bauff - de Dirigent kloppt ab:
„Liewer Gott was sinn ehr schlapp,
liewer Gott schpielt ehr en Scheiße,
duhn eich mol am Rieme reiße!“
Nochemol langt jeder hie
doch es gibt kee Harmonie.
Plötzlich kreischt do enner:“Männer,
wisst ehr was - erscht trink mer enner,
dann mein Hals is ausgederrt,
wunnert's eich, dass des nix werd?“
Hortich b'schtellt jetzt jeder was,
macht emol sei Gorgel naß,
dääls mit Bier und dääls mit Wei,
reibt mer innerlich sich ei.

Wie die leere Gläser schtehe,
duht die Prob dann weitergehe,
Taktstock hoch un Taktstock nunner,
siehe da - ‘s is wie e Wunner,
jeder bloost jetzt wie’s sich g’höört
ach kenn falscher Ton der schtört,

A bis Z - es ganze Schtück,
schönie Pälzer Bloosmusik.
Jeder Ton kummt klar un hell,
jeder an de richtich Schtell,
jeder schpielt die richtich Dur
un vum Mißklang is kee Schpur.

Losst mich mit em Zaunpfahl winke:
Musikante müssen trinke,
duht de Hals ‘ne fascht verderre,
was kann des for Musik werre?
Drum ehr Leit - losst eich belehre:
woll’ner schönie Musik hööre,
Blossmusik in Dur unn Moll
sorgen, dass die Gläser voll.
Dann so Pälzer Musikante
müssen ab unn zu was tanke,
unn dürfen jo net drucke sitze
weil die erschtens jo schunn schwitze’,
zwettens durch de Luftverbrauch,
drucke werrn - in Hals un Bauch.
Wann mer do nix trinke duht,

werd die Musik b'schtimmt net gut.
Awwer sinn 'se inne naß,
dann macht Bloose richtich Schpaß.
Des gibt Musik - die is doll,
expressivo - ausdrucksvoll
un for jeden Mensch e Glück:
Echtie Pälzer Bloosmusik!

E Schlachtfescht früher

Früher war e Schlachtfescht als noch groß
un 's geht schunn morj'ns am elfe los.
Do kam - un immer kochend hääß,
am zwölfe rum - es Kesselflääsch.
Do duht mer sich de Deller schtoppe,
e Hand voll Salz noch - vun dem grobbe,
un ach was Fettes durft des sei.
Dann schafft mer alles in sich nei.
Un dass es schlicke net so schwer,
gibscht ach em Rieslingkrug die Ehr.
Die Hausfraa is mimm Schnaps dann kumme,
do hott mer sich en Wurf genumme.
Hott sich en Schorz dann umgebunne
un irgendwas zum Helfe g'funne.
Zum Helfe war - noch eig'nem Wille,
als liebschtie Ärwet: Brodwerscht fülle.
Do hoscht - wie Kenner jo noch wisse,
es Füllsel als versuche müsse.

Hoscht Lewwerknöpp dann knootsche helfe
un noch em Kesselflääsch - am zwölfe,
riecht mittags Kaffee dann durch ‘s Haisel,
‘s gibt Zimmetkuche un mit Schtraisel.
Do hott mer fascht die Zeit vergesse
am siwwe gab ‘s die Werscht zu esse.
Do war ‘s am Disch erscht net zu laut,
weil mer mit volle Backe kaut
un ausserdem - wie jo zu denke,
do muss mer ab un zu mol schwenke.
Doch noch ‘re gute halwe Schtunn,
do schtreikt de gröschte Mage schunn,
Der hott verdaut un hott gerührt,
hott meh Pepsine produziert
un hott - so ‘n Mage muß mer lowe,
des in de Dünndarm weiterg’schoowe.
Doch in dem Dünndram - der jo dünn,
do war jo ‘s Kesselflääsch noch drinn,
doch macht der Dünndarm ach net schlapp
un schiebt des in de Dickdarm ab.
Mer hott sich drum e Zeitung g’schnappt
is Richtung Lokus nausgedappt.
Nimmt sich e Kerz - die schunn gericht,
dann in dem Haisel war kee Licht.
Schunn petzend macht mer ‘s Haisel uff,
knöppt alles uff - un setzt sich druff.
Do hott ‘s zuerscht emol gepufft,
dann zwische allem war jo Luft,
un weil mer jo ach Fettes g’hatt,

gelingt die Prozedur ganz glatt.
Jetzt tritt die Zeitung in Aktion,
die hott do drinn ehr Tradition,
doch net zum Lese - wie ehr mehne,
dann draus war ‘s kalt un hoscht nix g‘sehne.
En sauwrer Mensch geht dodenoch,
als nägschtes an de Brunnetroch,
dann is mer nei - hott „Mahlzeit“ g’saat
un uff en weit’re Gang gewart.
Es dauert dann ach garnet lang:
Herzpeffer war de nägschte Gang.
Denn hott mer scharf jetzt uffgedischt,
drum mit paar Schoppe Wei vermischt
un dass de Mage net versauert,
noch mit zwee Treschter unnermauert.
Des duht schunn ball sei Wirkung zeige,
dann donooch duht die Schtimmung schteige,
mer redd - solang die Schtimm noch klar,
wie schöö ‘s doch unner‘m Kaiser war,
wie gut mer’s doch im Krieg getroffe
un hott debei halt weiterg’soffe.

Doch duhscht ach ann’rie Wirkung schpüre
un manche wollen dischbediere.
E paar ach an die Mäd’le wollte,
do awwer hott die Fraa dann g’scholte:
„du bischt vollg’soffe - ‘s ghöört mol g‘saat,
wart norre ab - was dich erwaart.“
Die Hausfraa hott sich noch bedankt:

„Gottlob - die Sau die hott gelangt,
do nemmen eich des Päkel dann
un do is Worschtsupp in de Kann."
Im Glas bleibt net de klennschte Rescht.
„Adschee Bardie!" - des war ‘s geweßt.
„Ich brauch en Schnaps," - höörscht ihn noch klage,
„mer liggt die Sau so schwer im Mage."
Doch zeigt die Fraa do gar kee G'fühl:
„Dann freß halt ‘s nägscht mol net so viel!"
Mer geht dann naus - obwohl mer schwankt,
is mit de Fraa dann hääm gewankt,
in weite Boge - in so grosse,
‘s war‘n jo kee Autos uff de Schtrooße.
Dass net de Mann - mit seine Bosse,
die Worschtsupp noch deht falle losse,
do hott die Fraa die Kann getrache,
un ihm - ihm rebelliert de Mache.
Er hott gejodelt wie en Ferscht,
trägt in de ehne Hand die Wärscht,
die anner Hand duht er benützte,
sich an de Hauswand abzuschtütze,
damit er net de Weg verliert,
dann ach die Fraa die hotten g'schpürt.

Sie hott jetzt noch ehrm alde Schote,
am Hämweg ‘s Singe dann verbote:
"Dei Singe - nachts in dere Zeit,
des geht net - denk doch an die Leit!"

Doch er - er kreischt in seiner Rasch:
„was glaabt die dann - die faul Bagasch,
die wenn sich vun de Ärwet dricke,
um die Zeit schunn im Nescht zu ligge.“
„Halt doch dei Gosch,“ höörscht sie dann glei,
„un denk draa - ‘s is schunn halwer drei.“

Doch jetzt - es kann bloos dodraa ligge,
jetzt fangt de Riesling a zu drücke,
drum fangt er aa jetzt uffzuknöppe,
um ‘s nötich Werkzeich raus zu schöppe.
Doch duht die Fraa ihm des verhunze:
„Du kannscht doch net uff Drottwar brunze!

Du aldie Wutz - was glaabscht dann du,
jetzt mach un knöpp mol widder zu.“
Des sieht er allerdings dann ei
un schtoppt halt alles widder nei.
Vor ‘m Hofdoor gibt er nochmol Laut,
durch ‘s Fette un durch ‘s Sauerkraut,
dann höört mer’n hinne - noch am Mischt,
wie dort der viele Riesling zischt.

Die Fraa hott in de Zwischezeit,
die Hausdeer uffgemacht - ganz weit,
er schteiert nei - de Schlitz noch uff,
zum zwette Schtock die Trepp jetzt nuff,
hott dreimol A’laaf zwar genumme,
dann isser in die Schloofschtupp kumme

un unner bissel schwerem Lalle,
do isser dann uff 's Deckbett g'falle.

Die Fraa die gibt sich dann noch Müh,
sie schwere Schuh em auszuzieh,
was wirklich nötich war - bei Gott,
weil er im Mischt jo g'schtanne hott.

Sie zieht dann ach noch an de Hosse,
doch nee - sie hotten schlofe losse.
Sie hott jo ach schunn doppelt g'sehne,
so schlooft er durch - bis morjens zehne.
E Schlachtfescht - in in de frühre Zeit,
war halt gemütlicher wie heit.

Paul Tremmel hat sich im Pfälzisch/Kurpfälzischen Raum vor allem mit seinen in Endreimform verfassten Mundartgedichten aber auch mit Sketchen und schriftdeutschen Werken durchgesetzt. Im Hörfunk schätzt man seine Aktualität, im Fernsehen seine Vortragskunst und in der Pfalz und Kurpfalz eigentlich alles an ihm. Von 36 bisher erschienenen Werken sind noch zu erhalten:

Üwwer die Leit

Blick freudig

Simmeliertes

Dogewesste

Ach Gott wann unser Oma nochemol käm

Die Pälzisch Weihnachtsgeschicht

Mei Sanduhr

Dem Wein zu Ehren

Neuer Bubbes

‘s werd em so friedlich zumut

de ledschte Hannes

Die Nibelungesag‘

Unter grünem Loden

Alle Bücher im Buchhandel oder bei:

Paul Tremmel
Weinstr. 21a
67147 Forst
Tel. 06326/6493 · Fax 06326/378